JN034686

簿記・
会計先覚者の

会計で会社を強くする

金言集・解説

税理士・米国公認会計士
坂本 孝司

第3版

TKC出版

第3版の刊行に当たって

　「会計で会社を強くする」（Making companies stronger through accounting）は私の職業人生を貫く信念であり、確信です。

　第3版では、従来の金言に加えて、新たにジョン・ロック（イギリス）、ダニエル・デフォー（イギリス）、アーサー・ハロルド・ウルフ（イギリス）、ヨハン・フリードリッヒ・シェアー（スイス／ドイツ）、上野道輔教授（日本）による金言を取り上げるとともに、従来の記述に若干の補正、追加を施しました。

　IT、DX、AI、生成AI等のテクノロジーの急速な進展は、簿記・会計業務の領域に大きな影響を及ぼしています。近い将来、個人事業レベルでは、簿記・会計業務に関する知識がなくても、「帳簿らしきもの」が、形式的ではあるものの、ほぼ自動的にでき上がる時代が到来する可能性もあります。巷には「簿記や会計知識がなくても経理業務はできる」などとして「簿記・会計」を軽んじる風潮も見られます。かつて、大学の経営学部・商学部では会計専攻が最高の人気を誇っていましたが、近年は情報系（情報、経営情報）に移ってしまいました。また、大学入学共通テストにおいて、「簿記・会計」の科目が2024年を最後になくなり、新たにプログラミングを含む「情報」が受験科目に採用されることになりました。

　筆者は、こうした状況を招いた要因の1つに、「簿記・会計」に対する国民的な誤解がある、と考えています。それは、近い将来、ITやDX等が「簿記・会計」に取って代わる存在になり、「簿記・会計」に関する知識は不要となる、という思考です。しかし、ITやDX等はテクノロジー（科学技術）であり、手段です。他方、「簿記・会計」の中核は知的体系（知見＝ゾンバルト）です。知的体系をテクノロジー（手段）で代替することは不可能です。テクノロジーはあくまで知的体系を支える強力な手段に過ぎません。

　確かに、テクノロジーの進展にともない、「簿記・会計」の形式的・技術的な領域、例えば「経理事務」はますます自動化されていくで

しょう。しかし、「簿記・会計」が経営者やビジネスパーソンにとって、身につけるべき知的体系、リテラシーであることに変わりありません。それを古今東西の学識者たちの金言によって裏付けることが本書の目的でもあります。なお、ここでいう学識者とは、文学、経済学、法学などの学識者を指し、できる限り会計学者や会計実務家を除いています。我田引水による誹りを避けるためです。

　もちろん筆者は「簿記・会計」を絶対視したり、その万能性や無謬性を説いているわけではありません。その可能性は限りなく少ないと考えますが、仮に、「簿記・会計」に代わる「普遍性を持ったマネジメント科学」が出現したらそれを使えばよいのです。

　最後に、今回、このような個人的興味の色濃い内容にもかかわらず、本書の出版を決断して下さった（株）TKC出版に深い感謝の意を表します。

はじめに

　本書は、「会計で会社を強くする」という視点から、簿記・会計に関する古今東西の金言を取り上げて、筆者なりの解説を加えたものです。

　「簿記・会計にはものすごいパワーがある」ことを、簿記会計実践の当事者である経営者の方々や、税理士・公認会計士をはじめ、会計事務所の職員、企業で会計職に就かれている方々、さらには大学等で簿記学や会計学を学ぼうとする学徒にお伝えしたいという願いを込めて本書をとりまとめました。

　経済学や経営学の研究には、マクロ経済学、ミクロ経済学、金融学、経営管理学、商学等の幅広い分野があります。そのなかで、簿記学・会計学は特に重要な役割を果たしています。しかし、社会一般には、未だに「簿記・会計」の本当の価値が理解されていないのではないでしょうか。

　「簿記・会計」の重要性を説明するくだりで、ゲーテやゾンバルト等の見解を個別・断片的に引用している文献も見受けますが、「簿記・会計に関する金言」を1冊にまとめたものは存在していないようです。かかる意味で本書は初めての試みの本ともいえます。

　ただ、見方を変えればこのような書籍には（学問的にも、本の販売という商業面でも）それほどの価値がないということかもしれません。まして、会計事務所を経営し、大学で会計学を教える筆者が「簿記・会計」の重要さを語ることは、「身びいき」・「我田引水」の誹り（そしり）を受けかねません。

　こうした背景をご理解されたうえで、筆者の個人的趣味の延長とも言える本書の刊行を快諾くださった（株）TKC出版の石岡正行社長には心の底からお礼申し上げる次第です。また、本書の企画から校正作業に至るまで終始お力添えを頂いた同社大石茂部長にも深く感謝いたします。

2013年7月18日　坂本孝司

＊「会計で会社を強くする」ことを理論的・実務的にお知りになりたい方は、拙著『「中小会計要領」対応版　会計で会社を強くする（第2版）』（TKC出版、2013年）をご参照いただければ幸いです。

＊「会計」という用語には、広狭2つの概念があります。本書の題名に用いた「会計で会社を強くする」における「会計」は、「簿記」を含む「広義の会計」を意味していますが、本書における個々の記述においては、特に断りのない限り「会計」は「簿記」を含まない狭い意味で用いています。

会計で会社を強くする 簿記・会計先覚者の
金言集・解説
◎目次

第3版の刊行に当たって／1

はじめに／3

1 すべての自らの取引を秩序正しく適切に処理する。
秩序のない処では、すべては混乱に陥る。
——ルカ・パチョーリ／10

2 商人が帳簿を備えることは、
商人の事業をよく遂行していくために有利なことである。
——ジャック・サヴァリー／14

3 すべての紳士が商人簿記を完璧に学ぶとともに、「商人簿記は
その名称が商人から由来し、主として商人によって実践されてい
るので、自分たちに関係のない技術である」と考えないように忠
告したい。
——ジョン・ロック／18

4 正確な簿記は、その事業に心を砕き、
繁栄しようとする人間の現象である。
——ダニエル・デフォー／22

5 複式簿記が商人にあたえてくれる利益は計り知れないほどだ。
——ゲーテ／26

6 だらしない記帳は、破産者の特徴である。
——ヴュルテンベルク王国／30

7 （商業帳簿によって）商人は、
その業務のすべての状況を観察するようになる。
——フランクフルト国民議会による1849年ドイツ帝国
司法省商法草案（別名:フランクフルト草案）／34

8 商人の簿記というものは、商人あるいは専門的知識を有する第三者が、財産状態の全容を、必要に応じて、いつでも把握できるような性質のものでなければならない。

——ドイツ帝国裁判所／38

9 文明は商業の親であり、会計は商業の子供である。
したがって、会計は文明の孫に相当する。
予防は治療に優る。

——アーサー・ウルフ／42

10 秩序が経営感覚を鍛える。

——ヴェルナー・ゾンバルト／46

11 会計はすべての企業に対して、過去についての間違いのない裁判官であり、現在についての必要な指導者であり、未来についての信頼できる相談相手である。

——J.F. シェアー／50

12 合理的な資本主義的経営とは、その収益を、近代的な簿記という手段や決算書の作成などによって、計数的に管理する営利経営をいう。

——マックス・ウェーバー／54

13 月次損益計算は経営の成行を速く注視し得るものである。
——オイゲン・シュマーレンバッハ／58

14 資本主義的行動は貨幣単位を合理的な費用=利潤計算の用具に転化せしめる。
複式簿記こそはその高くそびえる記念塔である。

——ヨーゼフ・シュンペーター／62

15 年度決算書による時宜を得た商人の自己報告は、商人自身や債権者保護のために支払停止の回避を目的としている。

——ウルリッヒ・レフソン／66

16 記帳義務及び貸借対照表作成義務は、まず第1に事業の自己報告に、さらにそれを越えて債権者保護に役立つとの思考がある。

——クラウス・ティーデマン／70

17 いまなお、普遍性を持ったまぎれもない「マネジメント科学」と呼べるものは、複式簿記とそこから派生した手法だけである。

——ピーター・ドラッカー／74

18 萬の事に付て、帳面そこそこにして算用細かにせぬ人、身を過るといふ事ひとりもなし。

——井原西鶴／78

19 商売に一大緊要なるは、平日の帳合を精密にして、
棚卸の期を誤らざるの一事なり。

——福澤諭吉／82

20 商業帳簿の規定は、その国における事業経営に確実で一般的な保護を与え、資本の浪費を予防することが求められる。

——ヘルマン・ロエスエル／86

21 少しもごまかしのない、一厘一毛もごまかしてはならないという、原理原則が確立されなければ、本当の意味の我が国経済の再建は期待できない。

——上野道輔／90

22 毎月の財務計算と経営計算結果の吟味と弱点発見に時間をかけよ。

——飯塚 毅／94

23 会計がわからなければ真の経営者になれない。
——稲盛和夫／98

 24 中小会計基準のもつ社会的意義は、
中小企業経営者の意識改善に向けられている。
——武田隆二／102

 25 経営者にとって「変動損益計算書」は死活的に重要である。
——飯塚真玄／106

資料編 会計の基礎知識 **Q&A** ……………………… 111

Q1 「簿記」と「会計」の違いがよくわかりません。どこに違いがあるのでしょうか？ ……………………………… 112

Q2 本当に「会計で会社を強くする」ことができるのでしょうか。それよりも、ベンチャー企業の育成、M＆A、イノベーション、従業員教育などのほうが重要だと思うのですが・・・。…………… 114

Q3 「適時の記帳」はなぜ必要なのですか？ ………………… 116

Q4 中小企業が従うべき会計のルールを教えてください。 ……… 119

Q5 一般に、会計には財務会計と管理会計の区分があると言われています。その内容を教えてください。 ……………………… 122

1

すべての自らの取引を秩序正しく適切に処理する。
秩序のない処では、すべては混乱に陥る。

ルカ・パチョーリ

**世界最初に出版された
複式簿記解説書の著者**

簿記・会計に関する金言

パチョーリ『スムマ』[*1] (1494年) より

　十分な注意を払って商業を行うことを望む人にとって、必要なものが3つある。いずれも大事だが、そのうち最も重要なものは、金銭であり実質的資力である。

　第2のことは、正によき簿記係であり、機敏な計算係たることである。

　必要な第3のしかも、最後のことは、**すべての自らの取引を秩序正しく [ordine]（Ordnung）適切に処理することである。**（中略＝坂本）。なぜなら、商人の取引において、記録についての正しい秩序がなければ自らを統制することは、およそ不可能だからである。そして、彼らの心は、常に休まらず大なる苦悩の中におかれることになるからである。

　勘定と記録のつけ方の中で、どのようにして、秩序正しく進んでいくべきかを明らかにしよう。なぜなら物事を適切に、その場で整理しなければ、すべての業務は最大の骨折りを要するばかりか混乱の中に陥るであろうからである。諺に曰く、**「秩序のない処では、すべては混乱に陥る」** [Ubi non est ordo, ibi est confusio]（Wo keine Ordnung herrscht, entsteht Verwittung）と。

---

*1『算術、幾何、比および比例に関する全集』(*Summa de Arithmetica, Geometria, Proportioni et Proportionalita*、以下『スムマ』と表記する)。邦訳は岸 (1990) 337－339頁を参照。[ ] 内は Summa の中世イタリア語原文、( ) 内は Penndorf (1933) のドイツ語訳である。
Summa の原文は、パチョーリ生誕500年を記念して日本簿記学会（当時の会長は武田隆二神戸大学名誉教授）から限定配布された Summa の複写本を参照した。

━━━━━━━ 解説 ━━━━━━━

　ベネチア共和国は15世紀後半にはキリスト教世界でも屈指の海軍力をもつ都市国家でした。数学者であるルカ・パチョーリは、1494年に数学の著書『スムマ』を出版し、同書のなかで複式簿記の章を設けて、当時のベネチア商人が行っていた複式簿記の仕組みを学術的に体系化して記述しました。『スムマ』が出版される30年ほど前にコトルリ（Benedetto Cotrugli）が複式簿記の解説書を執筆していますが、コトルリの書が印刷されたのは『スムマ』よりも後であったため、『スムマ』が世界最初の印刷された複式簿記の解説書となっています。

　パチョーリの業績に対しては、既存の知識を編纂したにすぎないという批判もありますが、パチョーリによって複式簿記の技法がヨーロッパ中に広まったという点で、その功績は大きいといえます。その評価は様々な古典に基づいて『ロミオとジュリエット』を著したシェークスピアに似ています。

複式簿記と「自己報告による健全経営の遂行」

　パチョーリは、複式簿記の本質が「自己報告による健全経営の遂行」にあることを認識していました。それは、「商人の取引において、記録についての正しい秩序がなければ自らを統制することは、およそ不可能だからである。そして、彼らの心は、常に休まず大なる苦悩の中におかれることになるからである」、「物事を適切に、その場で整理しなければ、すべての業務は最大の骨折りを要するばかりか混乱の中に陥る」、「秩序（ordnung）のない処では、すべては混乱に陥る」などの記述からも明らかでしょう。

複式簿記の秩序性（Ordnung）

　特に注目すべきことは、「秩序のない処では、すべては混乱に陥る」

としているように、パチョーリが「秩序正しさ」すなわち『スムマ』本文の中世イタリア語では、ordo、ordine、ordinatamente、buono ordine をもって、複式簿記（記帳と財産目録作成）の基本原理としていることです。

パチョーリは、本書はベネチア共和国のウルビノ公の臣下が商人の掟に通じ、必要事項を身につけるべく著された旨を述べ、「各人の必要に応じて本書が、計算、記録並びに勘定を通じて、各人に役立ちうるべく、正にそのためにこそ、本書に本論稿を挿入した」とし、「このために、すべての勘定と帳簿を秩序正しく［ordinatamente］（ordnungsmäßigen）記帳するに十分且つ妥当な規範を与えようと思う」としています（第1章）。

そして、第1章では財産目録の模範例を挙げ「私は、自らの手で、秩序正しく［ordinatamente］（ordnungsgemäß）書いた」とし、第4章では「上記の財産目録」に「すべてよき秩序［buono ordine］（guter Ordnung）に従って入念に、記載されねばならない」とし、第7章では商務官庁による認証を受ける場合には「これらは、あなたの帳簿であり、自らの取引を秩序正しく［ordinatamente］（ordnungsgemäß）」、「記載せしめていることを述べなさい」と記述しています。第13章では「あなたは、仕訳帳に、すべてのあなたの記入事項を秩序正しく［ordinatamente］（ordnungsmäßig）記入した後、それを抜き出して元帳と呼ばれる第3の帳簿に転記しなければならない」とし、第33章では、「以上の事項（期中取引のこと＝坂本注）が、すべて、秩序正しく［ordinatamente］（ordnungsgemäß）なされ、遵守された後は」元帳に先立つ如何なる帳簿においても如何なる変更も行われてはならないとしています。この第33章の記述は「記帳の遡及的な訂正」手続きに関するものです。訂正処理をする場合は、当初の処理に遡って直接行ってはならず、事後的な訂正であることがわかるような処理をすべきであることを求めています。

ドイツでは、その会計制度の中核である「正規の簿記の諸原則」（Grundsätze ordnunsmäßiger Buchführung, GoB）概念の淵源をこ

のルカ・パチョーリの『スムマ』に求める見解があります。それは『スムマ』において一貫している「複式簿記の秩序性（Ordnung）」によるものであると考えられます。

「適時の記帳」と「経営状況の適時の把握」

　パチョーリは、「物事を適切に、その場で整理」することを求めています。記帳の適時性です。そうしなければ「すべての業務は最大の骨折りを要するばかりか混乱の中に陥る」ことになり、「自らの統制」ができなくなるからです。「適時の記帳」を前提とした複式簿記によって、経営者は自らの「経営状況の適時な把握」が可能となります。

　わが国における『スムマ』研究は世界でも最高水準にあると思われますが、残念なことに、それらの研究は複式簿記の記載や形式に関する領域に集中し、「複式簿記は経営に不可欠な手段であること」、「秩序正しさが、記帳及び財産目録作成の基本原理であること」、「スムマには、各種の記帳条件が記述されていること」などの論究が欠けているようです。

ルカ・パチョーリ（Pacioli, Luca　1445-1517年）
ルネサンス期のイタリアの有名な数学者であり、かつ世界最初に出版された複式簿記解説文献の著者である。中央イタリアのサン・セポルクロに生まれる。1464年、当時のイタリア商業の中心地ベネチアへ行き、大商人アントニオ・デ・ロンピアージの3人の息子の家庭教師となり、そのとき商業実務に関する知識を吸収する。フランシスコ会の修道士。1494年に主著にあたる数学書『スムマ』を出版する。このなかに「計算及び記録に関する詳説」は、世界最初の簿記文献として名高い。米国の会計学者であるリトルトン（Littleton,A.C.）は、パチョーリを近代会計学の父として高く評価している[1]。

＊1 片岡（2007）979-980頁を参照。

2 商人が帳簿を備えることは、商人の事業をよく遂行していくために有利なことである。

ジャック・サヴァリー

世界で初めての国家的商法典である
ルイ 14 世商事王令の起草者

簿記・会計に関する金言

サヴァリー『完全な商人』(1675年) より

　商人が帳簿を備えることは、公共の利益のために重要であるのみならず、それは商人にとってもまた自分の事業において、それをよく遂行していくために有利なことである[*1]。

　自己の状況がどのようなものかを知るために、また突然死に襲われたとき無秩序と混乱のうちに自らを委ねることのないように、毎年全般的に自己の取引を再検討することは正しいことではないであろうか[*2]。

　資産、負債について作成する財産目録によって、自己の営業状況が芳しくない事を知るに至った人たちは、そのような状況を知らない場合に比して、はるかに容易に対応策をとりうることもまた本当である。会社を結成していないから、いかなる財産目録も作成するには及ばないという人たちがいたなら、馬鹿げてはいないだろうか。結婚に際し、子女に与える最高額または最低額を予め知らせることが問題となったとき、整理、調整するために、**自分自身に説明し報告する**ことが義務づけられていないだろうか。このようなことを無視して生きていくことは、全く思慮を欠くことだといえないだろうか[*3]（傍点は坂本）。

[*1] 岸 (1988) 227頁。　[*2] 岸 (1988) 259頁。　[*3] 岸 (1988) 271頁。

━━━━━ 解説 ━━━━━

　国家的規模の商法が最初に法典化されたのは1673年の「ルイ14世商事王令」です。ルイ14世は「太陽王」（Roi-Soleil）ともいわれます。当時のフランスは、産業も不振で、加えて破産、とりわけ詐欺破産、財産隠匿といった不正が横行していたので、法律をもって信用制度を回復し、民力を強化することが急務とされていました。そこで、財政の立て直しを図ったのがコルベールです。彼の財政政策を「コルベール主義」といい、「重商主義」の典型とされました。

　コルベールは商法整備にも着手しました。経済の衰退に伴う企業の破産、これに加えて、財産の隠匿、持出し、詐欺破産といった不正に対し、法律の干渉が決意され、それによって、信用制度の回復、経済秩序の維持が図られたのです。この王令は、このような状況下にある企業に、指針を与え、不正とりわけ詐欺破産を防止し、これを厳しく取り締まることによって、企業をそれから守ることを目的としました。またそれは商事裁判制度を確立するものでもありました[*1]。この法典の整備に参加したのが商業に精通するジャック・サヴァリーであり、その実績から同法典は「サヴァリー法典」と呼ばれます。

　サヴァリーの『完全な商人』はルイ14世商事王令のコメンタールであるとともに商業実務の解説本でもありました。

「商事王令」の内容 ─破産時に「正規の帳簿」が提示できなければ死刑─

　「商事王令」の正式な名称は、「商人の商業のための規則として役立つフランス及びナヴァルの王ルイ14世の王令」（Ordonnance de Louis XIV. ROY DE FRANCE ET DE NAVARRE, Servant de Règlement pour le Commerce des Marchands）という長い名前です。

　サヴァリー法典が会計史上画期的なものとして扱われるのは、商業帳簿及び財産目録の規定が、近代国家の法令のなかに置かれたこ

とにあります。同商事王令は、立法の理由を詳細に述べた前文と12章122条から成り、商業帳簿規定は第3章に存在しています。

　同法典の記帳義務は任意規定ではありません。破産時に「正規の帳簿」を提示できない者は破産を宣告されるばかりでなく、詐欺破産者とみなされ（第11章「破産及び破産犯罪」11条）、死刑に処せられる（同章12条）、という厳しいものでした。つまり、死刑を担保にして、商人に「正規の帳簿」の備え付けを間接的に義務づけていたのです。

　ここで「正規の帳簿」とは、第3章「商業帳簿規定」の3条に規定される「商事裁判官等による署名や各紙葉への花押・付番」がなされ、かつ、5条に規定される「日々の記帳」・「連続した記帳」・「空白なき記帳」・「余白への記載なき記帳」という記帳条件を充たした帳簿を意味しています。

商業帳簿の本質的な目的を論じたサヴァリー

　サヴァリーは、王令の注釈書として商事王令法典化の2年後の1675年に『完全な商人』を著しています。そこにおいてサヴァリーは、(1) 国民経済における法による秩序の維持と、(2) 企業経営の2つの側面から、商業帳簿を論じ、前者にあっては、債権・債務関係の立証たる帳簿の証拠能力に、後者にあっては経営管理に、これを関わらしめています[*2]。

　このことからも、商法の商業帳簿規定の本質的な目的が、「帳簿の証拠力の定立」と「商人への自己報告による健全経営の遂行」の2点にあることが理解されます。当時のフランスは、コルベールによる重商主義（マクロ経済政策）の推進と併せて、商業帳簿を武器にして「会計で会社を強くする」というミクロ経済政策も同時に採用していたのです。

　サヴァリー法典は、その後1807年にナポレオン法典に引き継がれ（死刑の条項は同法典では削除）、ヨーロッパ諸国の商法制定の模範とされ、やがて日本の商法にも影響を与えています。サヴァリ

ーは、商法の祖と呼ばれ、同法典は、商法の基礎となったばかりで
なく、その後「静態論」と呼ばれる会計思考の基礎となりました。

簿記の秩序性（ordre）

　『完全な商人』の第1編第33章は「事業遂行において相当な取引
をしている小売商人が守るべき秩序（ordre）と、彼らの簿記手法
について」です。この章でサヴァリーは、簿記の秩序性について詳
細に解説しています。

決算書の報告先は経営者自身（自己報告）

　決算書の本質的な報告先は、投資家や株主などの利害関係者では
なく、経営者自身（自己報告）です。サヴァリーは、「会社を結成
していないから、いかなる財産目録も作成するには及ばないという
人たちがいたなら、馬鹿げてはいないだろうか。……、整理、調整
するために、自分自身に説明し報告することが義務づけられていな
いだろうか」（傍点は坂本）と喝破しています。これは格別に重要
な指摘です。商法典は、利害関係者がいない事業者にも決算書作成
義務を課しています。その理由は、経営者への自己報告による健全
経営の遂行にこそ簿記会計の本質的な目的があるからです。

　サヴァリーの商業論の特質は商業志望者、商業従事者に指針を与
えるという強い教育的配慮で書かれています[*3]。法律学者であるサ
ヴァリーは商業帳簿の本質的機能にも精通していたのです。

ジャック・サヴァリー（Savary, Jacques　1622-1690年）
フランスのアンジュー地方のドイレに生まれる。ルイ14世のもと、財務総監コルベー
ルの命を受け、商法典編纂に参画し、その起草に当たった。かくしてなったのが
フランス商事王令である。1675年彼は本商事王令の注釈書*Le Parfait Négociant*（『完
全な商人』）を出版した。これは以後幾多の版を重ね、独、英、伊、蘭の各国語に訳
され、商業学の古典となった[*4]。

＊1 岸（1988）196頁。　＊2 岸（1988）220頁。　＊3 岸（1988）216頁。
＊4 岸（2007）527頁を参照。

3

すべての紳士が商人簿記を完璧に学ぶとともに、「商人簿記はその名称が商人から由来し、主として商人によって実践されているので、自分たちに関係のない技術である」と考えないように忠告したい。

ジョン・ロック

イギリスの哲学者、政治思想家。「イギリス経験論の父」・「イギリス自由主義の父」といわれる

簿記・会計に関する金言

ロック『教育に関する考察』（1693 年）より

　子供を良く教育することは、両親の重大な義務であり、また関心事であって、国民の福祉と繁栄は、子弟の教育に依存すること大でありますから、わたしは万人の心に、この問題を慎重に考えてもらいたいと存じます。（中略＝坂本）。もっとも気を付けられねばならぬことは、紳士の職業です。と申しますのは、そういう身分の人たちが、その教育によって一度正道をつけられますと、その人たちは速やかにすべての他の人たちにも秩序を与えることになるものだからです[*1]。

　しかし、もし間違って両親が職人、手仕事という卑賤な名称に驚いて、自分の子供たちのもっているこの種のいかなるものに対しても憎悪の情を抱くにしても、それでもなお手仕事に関係のある一事がありますが、それは、両親がよく考えるならば、自分の息子たちに是非習わすことが必要だと考えるものです[*2]。

　商人簿記（merchants' accompts）は、紳士が財をなす助けになりそうにない学科ですが、それでも多分彼が現在もっている財産を保全するのに、それ以上に役立ち、効果があるものはないでしょう。自分の収益と費用を計算をして（keeps an accompt of his income and expenses）、それにより、いつも自分の家事の推移を見届けている人が、破産（ruin）することはめったに見られないところで、このような注意を欠いたり、商人簿記をつける技術がないために、気付かぬうちに手おくれになったり、一度陥った

破綻をさらに大きくする人が多いことは疑いえません。そこで**すべての紳士が商人簿記を完璧に学ぶとともに、「商人簿記はその名称が商人から由来し、主として商人によって実践されているので、自分たちに関係のない技術である」と考えないように忠告したいと思います**[*3]。

＊1 服部（1967）12頁。
＊2 Locke（1693）p.101. 服部訳（1967）324頁を参照。なお服部訳（1967）では merchants' accompt を「簿記」とするが、本書では「商人簿記」の方が原文の意味に沿うと判断した。
＊3 Locke（1693）p.101. 服部訳（1967）324-325頁を参照。
I would therefore advise all gentlemen to learn perfectly merchants` accompts, and not to think it is a skill that belongs not to them,because it received its name from, and has been chiefly practised by men of traffic.

解説

経験論による考察

　ロックはイギリス経験論の父とよばれています。彼によれば、人間の知性は「ぬぐわれた石盤（白紙、タブラ・ラサ）であって、経験以前に生得（本有）観念を持つことはない。すべての知識は知覚と内省という後天的な経験を通じて「観念」として獲得され、書き込まれる」とされます[*1]。

　『教育に関する考察』（*Some Thoughts Concerning Education*, 1693）は、ロックがオランダに亡命中（1683-1689年）にエドワード・クラークに宛てて、この息子の教育指針として書き送った手紙を基礎に置いています[*2]。ロックは教育に関して215の項目に分けて考察を加え、「ここでは教育の主要目標と目的に関して、若干の一般的見解のみを、しかも一人の紳士の息子のために、立案したものを述べたのであって、その息子は当時非常に幼かったので、わたくしはただ白紙（white paper）、あるいは好きなように型に入れ、形の与えられる蜜ろう（wax）に過ぎないと考えました[*3]」と述べています。ここに経験論に基づく論理展開を読み取ることができます。

またロックは、「結論」として、「人の心はそれぞれに、その顔と同じように、特徴があって、その人を他のすべての人から区別するものです。そしてまったく同じ方法で指導して差し支えない子供が、多分滅多に二人とはいないでしょう[*4]」とも述べています。

同書はルソーの先駆ともされますが、ロックはこれら（教育のこと＝筆者）の思想を根本原理から合理的に導出して体系化するのではなく、むしろ人間の様々な経験を記述しそれをまとめる臨床的方法によって、様々に異なる人々の共存と寛容を指向する、人間中心の思想を提示しています[*5]。

簿記について

ロックは、同書の第22章「商業（trade）について[*6]」において、商業は「紳士の職業には全く似つかわしくないように思われる[*7]」と述べています。17世紀頃のイギリスでは、未だ商業は紳士が携わるべき職業ではなかったのです。「商賣は士君子の業に非らざる」とされた江戸時代における商業の地位に似ています（本書19の福澤諭吉を参照）。

そして、「わたしが紳士となるべき者に、帳簿をつける義務を負わそうと思っても、そういう方法で彼の支出を抑え込むためでは、まったくありませんが、ただ帳簿をつける習慣を早くつけさせたいことと、帳簿をつけることに、早めに息子を慣れさせ、それを習慣にさせたいためです。そしてそうすることは、彼の全生涯を通じて非常に役立ち、いつも実行する必要がありましょう[*8]」、「ある人間をつつましくさせておくには、通常の収支の推移（regular course of accompt）に関して、自分の家計の状態を、いつも注意させておくこと以上に、適当なものはないことを、少なくとも誰しも認めなければなりません[*9]」と述べます。

ロックは、紳士はmerchants' accompt（商人簿記）を自分たちに関係のない技術と考えがちである、と指摘します。その上で、「彼が現在もっている財産を保全するのに、それ以上に役立ち、効果が

あるものはない」、「自分の収益と費用を計算をして、それにより、いつも自分の家事の推移を見届けている人が、破産することはめったに見られないところで、このような注意を欠いたり、商人簿記をつける技術がないために、気付かぬうちに手おくれになったり、一度陥った破綻をさらに大きくする人が多いことは疑いのない」と論じます。

　いまだ商業に関する社会的評価が低かった17世紀末において、ロックは、「簿記」に「自己報告による健全経営の遂行機能」と破産防止機能を認め、「簿記」を紳士として身につけるべき知識として位置づけたのです。

ジョン・ロック（Locke, John　1632-1704年）
イギリスの哲学者、政治思想家。イングランドの地主の子に生まれ、オックスフォード大学クライスト・チャーチの講師を経て、ホイッグ党の領袖シャフツベリー卿を助けて政治生活にはいり、一時オランダへ亡命。名誉革命の成功とともに帰国し、多くの著書を発表した。彼は各人が独立自由な悟性を有することを確信し、この悟性能力を検討して人間の抱く観念はすべて経験に起源をもつとし、旧来の形而上学的思考を脱却した。それは近代哲学の出発点の確立であり、近代市民意識の認識論的自覚であった。この基本的立場からさらにひろく社会、政治、経済への展望をひらき、自由な個人の結合による社会の合理的進歩を確信する近代民主的政治原理を確立し、市民革命に基本的支柱を与えた。主著に『人間悟性論』『宗教寛容に関する手紙』『市民政府論』などがある＊10。

＊1 大橋／荻野他（2022）150頁。
＊2 服部訳（1967）335頁。
＊3 Locke（1693）p.104. 服部訳（1967）333頁。
＊4 Locke（1693）p.104. 服部訳（1967）333頁。
＊5 大橋／荻野他（2022）149頁を参照。
＊6 Locke（1693）pp.98-104. 服部訳（1967）316-326頁。
＊7 Locke（1693）p.98. 服部訳（1967）316頁。
＊8 Locke（1693）p.102. 服部訳（1967）325頁。
＊9 Locke（1693）p.102. 服部訳（1967）326頁。
＊10 国民百科辞典第7、平凡社、1962年、588頁を参照。

4 正確な簿記は、その事業に心を砕き、繁栄しようとする人間の現象である。

ダニエル・デフォー

『ロビンソン・クルーソー』等を著した
イギリスの小説家

簿記・会計に関する金言

デフォー『ロビンソン・クルーソー*¹』(1719年)

　島に漂着して1年近く経った頃、クルーソーは自分が現在おかれている境遇について真剣に考えはじめた。それは「毎日みじめな身の上を思いわずらうことから心を解放したかったのである。（中略＝坂本）、できるかぎり自分をなぐさめ、善い点と悪い点とをくらべてみた。そうすれば、現在の自分よりも悲惨な境遇のありうることがわかるかもしれない。わたしは両者を貸方と借方のように、公平に記した（stated it very impartially, like debtor and creditor）」、「この対照表が明らかにしているのは（Upon the whole）、どのようなみじめな境遇にあっても、なにかしら感謝すべきことがあるという事実である。この世でいちばん悲惨な経験をしたものとして語るのであるが、われわれはつねに自分をなぐさめるものを見つけることができ、善い点と悪い点をくらべれば、前者のほうが大きいのだ」。

簿記・会計に関する金言

デフォー『完全なイギリス商人』(1726年)

　イングランドの商人には、少なくとも年に一度、在庫と損益の勘定を合わせるという古くからの習慣があった。一般的には、クリスマスか新年の時期に行われ、その時に、衰退か発展か、自分たちの事業が世の中でどのようになっているかが常に理解できるのである。現在、

この良い習慣が商人の間で大分失われているが、今でも多くの商人が実践しており、彼らはこれを一般に「事業決算（casting up shop)」と呼んでいる。正直言えば、これを顧みない大きな原因は、物事を調べようとしない多くの商人たちにある。彼らは、自らの事業がうまくいっていないこと（not right）を恐れ、良くも悪くもその状況をまったく知ろうとしないのである。（中略＝坂本）「事業決算」をすることは、毎年、衰退か発展かを知るためであり、商人にとって格別な喜びであるので、商人は帳簿を締めなければならない、そうしなければ、商人の信用にとって非常に不吉なことになってしまう[*2]。

正確な簿記（exact book-keeping）は、その事業に心を砕き、繁栄しようとする人間の現象（effect）であると私は思う。帳簿が正しく（well）記帳されているかどうかを気にしない人は、自分が成功するかどうかをあまり気にしてしない人であり、さもなければ、絶望的な状況にあるため、自分が成功できない、あるいは成功しないことを知っており、どちらに転んでも構わないと思っているのだ。帳簿の軽視は、個人的かつ内密なことなので、少なくとも商人が破産して破産宣告を受けるまで、彼自身以外の誰にも知られることはめったにないのである[*3]。

＊1 Defor (1719) pp.54-55. 海保訳 (2004) 83-86 頁。　＊2 Defor (1726) p.122.
＊3 Defor (1726) p.128.

解説

小説『ロビンソン・クルーソー』（1719年）

『ロビンソン・クルーソー』はデフォーの代表的な小説で、正式なタイトルは『ロビンソン・クルーソーの生涯と奇しくも驚くべき冒険』（*The Life and Strange Surprising Adventures of Robinson*

Crusoe）です。ロビンソン・クルーソーの誕生からはじまり、船乗りとなり、嵐に遭って絶海の孤島に漂着し、わずかな食料と道具を頼りに28年間生き延び、帰国するまでが描かれています。

　ここでいう対照表は、財産目録であり複式簿記によって誘導的に作成される貸借対照表ではありません。しかし、資産（借方、善い点）と負債（貸方、悪い点）を網羅した一覧表を冷静に作成することによって、「感謝すべきこと」「自分をなぐさめるもの」を見つけることが可能となります。マックス・ウェーバーは『プロテスタンティズムの倫理と資本主義の精神』において、「強力な宗教運動が経済的発展に対してもった意義は、何よりもまず、その禁欲的な教育作用にあった」とし、「同時に伝導もする孤立的経済人」としてロビンソン・クルーソーを掲げています[*1]（マックス・ウェーバーは本書12を参照）。

『完全なイギリス商人』（1726年）

　デフォーは1726年に『完全なイギリス商人』（*The Complete English Tradesman*）を上梓しています。

　フランスでは1675年にサヴァリーによる『完全な商人』（*Le parfait négociant*）が出版されています（サヴァリーは本書2を参照）。サヴァリーの書はルイ14世商事王令（1673年）のコンメンタールであるとともに、商業実務の解説本でもありました。この当時「完全な商人（Le parfait négociant、The Complete Tradesman）」という表現は、「商人のあるべき姿」という意味で用いられたのでしょう。

　なお、サヴァリーの『完全な商人』は、独、英、伊、蘭の各国語に訳されています。デフォーは同書を見た可能性があります。

　デフォーは同書第20章において「簿記」を解説しています。注目すべきは、「私はここで簿記（book-keeping）のルールを定めるつもりはないし、商人にその方法を教えるつもりもないが、簿記の必要性と有用性を示しているのである[*2]」としていることです。今

日、大学教育における「簿記論」は無味乾燥な講義になりがちであり、結果、多くの学生たちを「簿記嫌い」にさせています。デフォーのように、「簿記の重要さ」をしっかりと伝えた上での講義であれば、学生にとって「簿記」はもっと魅力的なものになるでしょう。

また、デフォーは「年に一度、これを効果的に行うためには、商人は自らの帳簿を常に秩序正しく（order）記帳する必要がある。日記帳（day book）を適切に転記し、現金を適切に精算し、すべての人名勘定を常に見ることができるようにしなければならない」とし、「商人の帳簿は、キリスト教徒の良心と同じように、常に清潔かつ明瞭（clean and clear）でなければならない。（中略＝坂本）多くの商人、特に店の経営者が簿記をほとんど理解していないのは事実であるが、いかなる商人も簿記をある程度理解していなければ、小売商売の仕事がうまくいかないのは真実である[3]」とも述べています。

デフォーも、サヴァリーやロック（ロックは本書3を参照）と同様に、簿記が持つ「自己報告による健全経営の遂行機能」と破産防止機能を認識していたのです。

ダニエル・デフォー（Defoe, Daniel　1660-1731年）
イギリスの小説家、各種の職業を試みた後、1702年非国教徒側に立って風刺詩や政治パンフレットなどを書き、定期刊行物『レビュー』（The Review）（1704-1713年）を主宰してジャーナリズムの草創期に重要な貢献をした。1719年に小説『ロビンソン・クルーソー』（Robinson Crusoe）が成功し、続いて『シングルトン船長』（1720）、『疫病年の記録』（A Journal of the Plague Year, 1722 ／邦訳名『疫病流行記』『ペスト』）などを発表、イギリス小説の勃興の先駆となる。『完全なイギリス商人』（1726-1727）は、商業を志す若者に商人道、心得を説いたものである[4]。

＊1 Weber（1904-1905）S.159. 大塚訳（1989）355頁。　＊2 Defor（1726）p.123.
＊3 Defor(1726)p.123.　＊4 ブリタニカ国際大百科事典および百科事典マイペディア（電子辞書版）を参照。

5 複式簿記が商人にあたえてくれる利益は計り知れないほどだ。

ゲーテ

ドイツの詩人、劇作家、小説家、
自然科学者、政治家、法律家

簿記・会計に関する金言

ゲーテ『ヴィルヘルム・マイスターの修業時代[*1]』(1796年) より

ヴェルナー 「そんなものは捨ててしまえよ。火にでもくべるんだな。その着想なんて愚の骨頂だね。構成にしたって、もうあの頃からぼくには嫌でたまらなかった。お父さんだって怒ってたじゃないか。詩の出来はいいかもしれないが、考え方がまるで間違っている。商売を擬人化した婆さん、しわくちゃの惨めったらしい占い女をまだ覚えてるよ。あの人物は、どこかうす汚い小商いの店先かで仕込んできたんだろう。あの頃は商売ってものがまるでわかっていなかったんだ。真の商人の精神（Geist）ほど広い精神、広くなくてはならない精神を、ぼくはほかに知らないね。商売をやってゆくのに、広い視野（Uberblick）をあたえてくれるのは、複式簿記による整理（Ordnung）だ。整理されていればいつでも全体が見渡される。細かしいことでまごまごする必要がなくなる。複式簿記が商人にあたえてくれる利益は計り知れないほどだ（Welche Vorteile gewährt die doppelte Buchhaltung dem Kaufmanne！）。人間の精神が産んだ最高の発明の1つだね（Es ist eine der schönsten Erfindungen des menschlichen Geistes）。立派な経営者は誰でも、経営に複式簿記を取り入れるべきなんだ」。

ヴィルヘルム 「失敬だが」とヴィルヘルムは微笑みながら言った。「君は、形式（Form）こそが要点（Sache）だと言わんばかりに、形式から話を始める。しかし君たちは、足し算だの、収支決算（Bilanzieren）だのに目を奪われて、肝心要の人生の総計

額をどうやら忘れているようだね」。

ヴェルナー　「残念ながら君の見当違いだね。いいかい。形式と要点は1つなんだ。一方がなければ他方も成り立たないんだ。整理されて明瞭になっていれば（Ordnung und Klarheit）、倹約したり儲けたりする意欲も増してくるものなんだ。やりくりの下手な人は、曖昧にしておくことを好む。負債の総額を知ることを好まないんだ。その反対に、すぐれた経営者にとっては、毎日、増大する仕合せの総計を出してみるのにまさる楽しみはないのだ。いまいましい損害をこうむっても、そういう人は慌てはしない。どれだけの儲けを秤の一方の皿にのせればいいかを直ちに見抜くからだ。ねぇ、君。ぼくは確信してるが、君がいちど商売の本当の面白さを知ったら、商売でも、精神のいろんな能力を思うまま発揮できるということがよくわかると思うよ」

ヴィルヘルム　「今度の旅でぼくの考えも変わるかもしれないね」

ヴェルナー「そうだとも。いいかい。君は大規模な商取引を実際に見たことがないんだ。いちど見てみれば、君はこれからあとずっとぼくらの仲間になるよ。…」。…「…どんなに少量の商品でも、商業全体と関係していることを知れば、あらゆるものが、君の生活が糧を得ている循環を増大させているのだから、どんなものでもつまらないとは思わないだろう」。

＊1 Goethe（2009）S.38ff. 山崎（2000）54-56頁。

解説

『ヴィルヘルム・マイスターの修業時代』は、ヴィルヘルム・マイスターの人間形成、発展を描くいわゆる教養小説（Bildungs-roman）であり、その文章、手法、構成のすべてにわたって、きわめて完成度の高いものであるといわれています＊1。同書が発刊され

た1796年は、1794年プロシア一般国法制定直後であり、その当時、帳簿を付けるかどうかは、商人の自由に任されていました（ドイツにおいて商人一般に記帳が義務づけられたのは、1861年一般ドイツ商法典の制定から）。また、当時のドイツにおける主要な帳簿は債権債務帳で、複式簿記は普及していませんでした[*2]。

　前出の「やりとり」は、友人ヴェルナーのアドバイスによって、（ゲーテの分身である）ヴィルヘルムの「事業経営」・「複式簿記」に関する誤った理解が浮き彫りになる、という一幕です。

商売に関する誤解

　「どこかうす汚い小商いの店先」という表現が象徴するように、ヴィルヘルム（ゲーテの分身）は、商売が「小さく哀れで、つまらない職業」であると理解していました。これはゲーテ自身がかつて抱いていた「商売」に関するイメージであったのでしょう。これに対して、ヴェルナーは、「考え方がまるで間違っている」、「あの頃は商売ってものがまるでわかっていなかったんだ」と指摘し、「商売でも、精神のいろんな能力を思うまま発揮できる」、「…どんなに少量の商品でも、商業全体と関係していることを知れば、あらゆるものが、君の生活が糧を得ている循環を増大させているのだから、どんなものでもつまらないとは思わないだろう」と説明しています。

複式簿記に関する誤解

　一部に、ヴィルヘルム（ゲーテの分身）の「君は、形式こそが要点だと言わんばかりに、形式から話を始める。しかし君たちは、足し算だの、収支決算だのに目を奪われて、肝心要の人生の総計額をどうやら忘れているようだね」というくだりを根拠にして、ゲーテ自身が複式簿記を賞賛しているわけではないとの指摘があります。例えば「かれの半自叙伝的な小説とされるこの書において、ゲーテのいわば分身であるところの主人公自身は、複式簿記を賞賛するこの友人に対して批判的である[*3]」のような見解です。

しかし、ヴェルナーは、「形式と要点は1つ」と反論します。これは、複式簿記を通じて「伝達」された「形式（写体）」と「事実関係」とは同一であることを意味しています。複式簿記は、企業の素顔を描写する「手段」です。こうした説明を受けて、ヴィルヘルム（ゲーテの分身）は、「今度の旅でぼくの考えも変わるかもしれないね」と前向きに応えています。これは、近い将来、商売や複式簿記への正しい理解が得られそうだ、との暗示です。『ヴィルヘルム・マイスターの修業時代』は、ヴィルヘルムの人間形成、発展を描くいわゆる教養小説とされています。それゆえに、ゲーテは複式簿記を高く評価していると理解すべきです。それは、その後、社会学者のゾンバルトや経済学者のシュンペーターが、複式簿記を賞賛するに当たって、直接・間接にゲーテのこの一節を引き合いに出していることからも明らかでしょう。

「適時の記帳」と「経営状況の適時の把握」

ヴェルナーは「整理されていればいつでも全体が見渡される」、「すぐれた経営者にとっては、毎日、増大する仕合せの総計を出してみるのにまさる楽しみはないのだ」としています。これは、経営にとって複式簿記の秩序性、具体的には「適時の記帳」に基づく「経営状況の適時の把握」がいかに大切であるかを物語るものです。

ヨハン・ヴォルフガング・フォン・ゲーテ（von Goethe, Johann Wolfgang　1749-1832年）
ドイツの詩人、劇作家、小説家、自然科学者、政治家、法律家。ドイツを代表する文豪であり、小説『若きウェルテルの悩み』（*Die Leiden des jungen Werthers*、1774年）、『ヴィルヘルム・マイスターの修業時代』（*Wilhelm Meisters Lehrjahre*、1796年）、叙事詩『ヘルマンとドロテーア』（*Hermann und Dorothea*、1797年）、詩劇『ファウスト』（Faust、第1部は1808年、第2部はゲーテの死の翌年1833年）など広い分野で重要な作品を残した。

＊1 山崎（2000）「解説」323-324頁を参照。
＊2 坂本（2011）27-28頁を参照。
＊3 友岡（2006）201頁。

6

だらしない記帳は、
破産者の特徴である。

ヴュルテンベルク王国

商法草案

<table>
<tr><td>簿</td><td>記</td><td>・</td></tr>
<tr><td>会</td><td>計</td><td>に</td></tr>
<tr><td>関</td><td>す</td><td>る</td></tr>
<tr><td colspan="3">金　言</td></tr>
</table>

1839年ドイツ・ヴュルテンベルク王国の商法草案：理由書[*1]

　　商業帳簿は文書の側面があり、他の人々に対する証拠資料として用いられ得る。他の側面は、**商人にその業務の状況に関する全容を提供する補助資料であ**ることである。その帳簿はフランス商法典の理由書が述べるように、その正規な記帳が適時性（Pünktlichkeit）と正確性（Rechtlichkeit）を証言し、かつ、運命の神の変動に対する防御に役立つ。**だらしない記帳は破産者の特徴である**（Unregelmäßige Führung ist das Kennzeichen des Bankerottirers）。それが商業帳簿の重要性とその正規な備え付けの必然性の理由である。

＊1 Entwurf（Württemberg II）S.50.

　ヴュルテンベルク王国では、商法典の制定を目指して、1839年に草案を発表しました。同草案は、フランス商法も参考にし、その商業帳簿規定には、商人の記帳義務と決算義務が規定されています。世界で初めての国家的商法典である1673年フランス・ルイ14世商事王令の商業帳簿規定には、①自己報告による健全経営の遂行と、②証拠力の定立、という2つの大きな目的がありました。同王令以後、大陸各国の商法典の商業帳簿規定は同王令や1807年フランス商法を踏襲して現在に至っています。ヴュルテンベルク王国の1839年商法草案もその一連の流れの中にあります。

商業帳簿の自己報告による健全経営の遂行

　「商人にその業務の状況に関する全容を提供する補助資料である」、「運命の神の変動に対する防御に役立つ」とは、まさに「自己報告による健全経営の遂行」を意味しています。

　極めつきは、「だらしない記帳は破産者の特徴である」との指摘です。これは現在でも、会計専門家である税理士や公認会計士、破産事案を取り扱う弁護士、中小企業金融の当事者である金融機関なら心底から納得できる経験則なのではないでしょうか。

　商法典の基本理念の1つに「債権者保護」がありますが、「債権者保護」とは、債権者（金融機関や信用取引の相手方など）に当初の約定どおりに支払を行うことを意味しています。倒産に陥って支払い不能状態に至れば、「債権者保護」にはなりません。つまり、「健全な経営を遂行せしめること」が「債権者保護」に結びつきます。ドイツの有名な税法学者クルーゼも、ヴュルテンベルク王国の商法草案を引き合いに出して、「1839年のヴュルテンベルクの商法草案の編纂は『だらしない（帳簿の）記帳は、破産者の特徴である』という非常に簡単な論理で、債権者保護のための破産法をもって、商

法の接続関係を作り出した[*1]」と言っています。

　フランスの1673年ルイ14世商事王令や1807年商法（ナポレオン商法）、1794年プロシア一般国法では、商業帳簿に起因する破産処罰規定は商法典に包含されていましたが、ドイツでは1851年プロシア刑法典以後、商業帳簿に起因する破産処罰規定は刑法典ないし破産法に規定されています。

商業帳簿の証拠力の定立

　ヴュルテンベルク王国の商法草案では、1794年プロシア一般国法の流れを受けた法定証拠主義（Prinzip der gezetzlichen Beweisregeln）のもとで、備置すべき帳簿の種類、各種記帳条件を規定し、その上で帳簿の証拠力に関する条文が数多く規定されています。

　記帳の正規性に関しては、「正規の記帳（regelmäßigen Führung）」(43条)、「正規に(40条)記帳された商業帳簿(Regelmäßig (Art.40) geführte Handelsbücher」(47条)、「帳簿が正規に（regelmäßig）記帳されなければ」(48条)との用語が見られます。これらの「正規性」という用語は1807年フランス商法の12条を参照したと思われます。

　特に47条の「正規に(40条)」との文言から、「商業帳簿の証拠力」に係るregelmäßigとの用語には、40条に規定された各種の記帳条件、すなわち「頁への付番」・「時系列的な記帳」・「空行・空白なき記帳」・「挿入及び抹消の禁止」・「欄外余白による補充の禁止」、さらには34条の「日記帳への日々の記帳」が包含されることが明らかになります。これらの諸条件を遵守した「正規の商業帳簿」は、他の商人に対して完全な証明手段となるのです。

　ここに、1839年ヴュルテンベルク王国の商法草案に「正規に記帳された帳簿だけに証拠力がある」とのテーゼが存在していたこと、「商業帳簿の証拠力」に係る「正規の（＝秩序正しい）記帳」概念が具体的な中身を伴って確定していたこと、を確認することができます。

「1839年ヴュルテンベルク王国」商法草案理由書：商業帳簿規定の意義

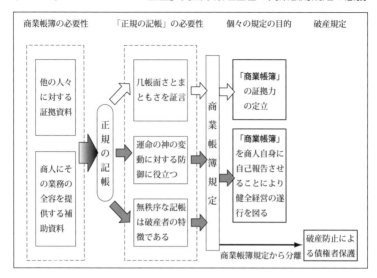

坂本（2011）の36頁、図表2-1を引用。

商業帳簿の正規性（Regelmäßigkeit）

　この商法草案は、regelmäßig という言葉を用いています。regelmäßig は、ordentlich（秩序正しく）や Ordnung, ordnungsmäßig とほぼ同じ意味です。つまり、正規性（秩序性）は商業帳簿にとって最重要の条件なのです。

ヴュルテンベルク王国

ヴュルテンベルク王国は、19世紀から20世紀初頭にかけて、現在のドイツ南部を統治していた王国。1918年のドイツ革命により、ヴュルテンベルク王ヴィルヘルム2世が退位し、ドイツ連邦の州となった。

---

* 1 Kruse（1978）S.201.

7 （商業帳簿によって）商人は、その業務のすべての状況を観察するようになる。

フランクフルト国民議会による
1849 年ドイツ帝国司法省商法草案
（別名：フランクフルト草案）

ドイツ「1849 年帝国司法省」商法草案理由書[1]

　商人は、正規にその業務を進め、忘却あるいは思い違いによって、自らが損害を被らず他人に損害を与えず、その個々の事業の成り行きと結果を見通し、かつ、合法性と賢明性という規範に従って、従来のやり方を継続すべきか否か、あるいは会社経営に変更を加える必要があるか否か、収支を均衡させる必要があるか否か、さらには業務を中止する必要があるか否かを判断することができるように、規則的に繰り返しやってくる特定の時点で少なくとも1度はその業務のすべての状況を観察するようになる。

　2つ目の必要性を提示すれば、取引の係争時に、正規に記帳された商業帳簿（regelmäßig geführe Handelsbücher）の記入が事情によっては非常に重要な証拠要素とみなされるという、事物の本性（条理＝坂本）にある。

＊ 1 Entwurf（Reichsministerium der Justiz）S.45.

　1839年ヴュルテンベルク王国の商法草案理由書では、商業帳簿規定を設ける理由として、①証拠力の定立と、②自己報告による健全経営の遂行を掲げていました。さらに、同法案の①と②の条文数を比較すれば、①が圧倒的に優っていました。これらのことからヴュルテンベルク王国の草案では、「商業帳簿の証拠力」の方に、より多くの関心配置がなされていたことを示しています。

　これに対して1849年の帝国司法省の草案では、商業帳簿規定に関する理由として、まず②を説明し、その後で①を説明しています。さらに、商業帳簿規定に関する解説は圧倒的に②を巡るものです。それは、同草案の編纂に当たって、「自己報告による健全経営の遂行」の方に、より多くの関心配置があったことを示しています（37頁図表参照）。

自己報告による健全経営の遂行

　1849年の帝国司法省の草案理由書は、商業帳簿規定の本質的な目的の1つである「自己報告による健全経営の遂行」を完璧に近い表現で説明しています。他の商法草案の理由書で、これほどまでに丁寧に説明しているものは筆者の知る限りでは見当たりません。

　「正規にその業務を進め」、「忘却あるいは思い違いによって、自らが損害を被らず他人に損害を与えず」とは、誤りのない経営を遂行することです。「その個々の事業の成り行きと結果を見通し」とは、適時で正確な会計数値を基にして着実な経営計画を策定すること。「合法性と賢明性という規範に従って」とは、コンプライアンス経営のことです。「従来のやり方を継続すべきか否か」、「会社経営に変更を加える必要があるか否か」とは、経営戦略を練ることです。また、「収支を均衡させる必要があるか否か」とは、資金繰りの予定を考えること、今様で言えば、キャッシュフロー経営。「業務を

中止する必要があるか否か」とは、破産に至る前に事業をたたんで廃業するか否かを判断することです。商業帳簿の倒産防止機能は、倒産に至る（支払い不能に陥る）前に帳簿の数字に基づいて経営者が自主的に事業遂行を断念することをも包含しています。それは「債権者に迷惑をかけない」という意味で債権者保護にも通じます。

「適時の記帳」と「経営状況の適時の把握」

そして、それらのことを「判断することができるように」、「規則的に繰り返しやってくる特定の時点で少なくとも一度はその業務のすべての状況を観察する」ようにしなければなりません。つまり、商人が上記の事柄を商業帳簿によって判断できるようにするため、商法典は年1回の決算書作成を義務づけているのです。

このように、商法はすべての商人（個人事業者や会社）に適用されるため、現実的に実行可能な限界線である「少なくとも年1回」の決算を求めています。しかし賢明な経営者であれば、「健全な事業経営の遂行のために、四半期・月次・週次・日次の決算が必要である」との理解に至るでしょう。

商業帳簿の正規性（Regelmäßigkeit）

ヴュルテンベルク王国の商法草案（1839年）と同様にこの商法草案もregelmäßigという言葉を用いて商業帳簿の正規性（秩序性）を求めています。

「1849年帝国司法省」商法草案理由書：商業帳簿規定

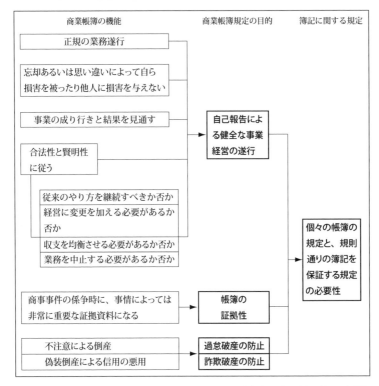

坂本（2011）42頁の図表2-2を引用。

ドイツ帝国司法省商法草案（別名：フランクフルト草案）

1848年、フランスで起こった2月革命は第2共和制を導き、まもなく革命の潮流が全ヨーロッパにまで拡大した（1848年革命）。こうした中、成人男性による選挙に基づいて、定員649人による議会がフランクフルト・アム・マインで5月18日より開催された。これがフランクフルト国民議会（Frankfurter Nationalversammlung）である。憲法制定を通じた自由主義的なドイツ統一を図り、その統一方式などを討議したが、最終的にはオーストリア、プロイセンといった有力君主国の支持を得られず、同国民会議は1849年6月18日までにその活動を完全に終えた。ドイツ帝国司法省商法草案はフランクフルト国民議会の産物の1つとして公表された。

8

商人の簿記というものは、商人あるいは専門
的知識を有する第三者が、財産状態の全
容を、必要に応じて、いつでも把握できるよう
な性質のものでなければならない。

ドイツ帝国裁判所

商法典が求める
簿記の品質に関する判決

簿記・
会計に
関する
金言

ドイツ帝国裁判所の判決 (1881年、1933年)

　「被告人自身あるいは第三者、ただし被告人の帮助
を受けた第三者に限る、だけが帳簿から財産の全容
を知ることができ、問題が財産状況全体にとって重要
ではない個々の記帳内容のみである場合には、内容に
誤りがなければ、無秩序な…記帳の誤りも是認してよい」（ドイ
ツ帝国裁判所1881年4月30日判決）。

　「商人の簿記というものは、商人あるいは専門的知識を有す
る第三者が、財産状態の全容を、必要に応じて、いつでも把握
できるような性質のものでなければならない」（ドイツ帝国裁判
所1933年12月1日判決）。

―――――――― 解説 ――――――――

　商法商業帳簿規定の本質的な目的の1つは「自己報告による健全経営の遂行」です。ドイツの判例にはこれを確認するものが数多く存在しています。前述の2つの判決は、その代表的なものです。

商法と破産法

　ドイツ最初の統一的な商法典は1861年の一般ドイツ商法典（ADHGB）です。同商法典の28条は記帳義務と貸借対照表作成義務を規定していました。そして「だらしない記帳は破産者の特徴である」という経験則を立法化した、破産法（1877年2月10日公布）209条・210条の「刑罰威嚇（Strafdrohungen）」の規定が、間接的に商法典の記帳・決算義務の履行を担保していました。

　つまり、商人は、商業帳簿によって、「自己の商行為及び自己の財産の状況を完全に明らかに」する必要があり（商法28条）、破産処罰を受けないためには、「財産状態の全容を得ること」ができるように商業帳簿を作成しなければならなかったのです（破産法210条）。ここにおいて「財産状態の全容を得る」とは、「一目瞭然性」と同義です。

歴史的変遷

　ドイツにおいて、簿記の一目瞭然性に対する要求の出発点とみなされているのは、刑事事件に関する帝国裁判所の1881年4月30日判決（4 119ff.）であるとされています。本件判決では、「被告人自身あるいは第三者、ただし被告人の幇助を受けた第三者に限る、だけが帳簿から財産の全容（Vermögensübersicht）を知ることができ、問題が資産状況（Vermögenslage）全体にとって重要ではない個々の記帳内容のみである場合には、内容に誤りがなければ、無秩序な（中略＝坂本）記帳の誤りも是認してよい[1]」と判示しました。

さらに、帝国裁判所の1933年12月1日判決（RStBl 1934 S.319）は、「商人の簿記というものは、商人あるいは専門的知識を有する第三者が、財産状態の全容（Übersicht über den Vermögensstand）を、必要に応じて、いつでも把握できるような性質のものでなければならない」とし、1939年6月5日の判決（RStBl 1939 S.1165）もこの判決を追認して、簿記の正規性は、大変な苦労をし、多大な時間をかけなければその全容（Übersicht）が把握できない場合には、不十分ということになると述べています[*2]。

学説

既述のようにドイツの文献では、1881年のこの判決が「簿記の一目瞭然（全容）性に対する要求」の出発点であるとされていますが[*3]、筆者が諸文献を調べたところ、1881年より前の1871年に、一般ドイツ商法典の審議委員会委員でもある商法学者のハーンが、商人の一般的記帳義務を規定する同法の28条に関して「簿記は専門的知識を有する者が、帳簿から個々の取引の確実な知識と財産状況（Vermögenslage）に関する完全な全容（Übersicht）を入手することができるようなものでなければならない」と解説していることが判明しました。したがって、ドイツにおける「簿記の一目瞭然性」に対する要求の出発点は、少なくとも、1881年4月30日の帝国裁判所の判決ではなく1871年に遡ることになります。

「適時の記帳」と「経営状況の適時の把握」＝商業帳簿の正規性

一般ドイツ商法典の28条は、その後1987年ドイツ商法の38条となり、現行ドイツ商法の238条になっています。現行の238条1項は以下のような規定です。

すべての商人は、帳簿を記帳し、かつ、その帳簿上に自己の商行為及び自己の財産の状況を正規の簿記の諸原則に従って明瞭に記載する義務がある（第1文）。簿記は、その取引が専門的知識を有する第三者に対して、相当なる時間内に、取引及び企業の状況に関する全容を伝達し得るような性質のものでなければならない（第2文）。取引はその

発生から終了まで追跡しうるものでなければならない（第3文）。

1985年の商法改正で、第2文と第3文との文言が挿入されました。第2文は、判例等で展開されてきた「簿記の一目瞭然性に対する要求」を成文化したものです。しかし残念ながら、第2文では、「専門的知識を有する第三者」だけを掲げ、ドイツ帝国裁判所の前出の判決で言及された「商人」を掲げていません。「事物の本性」（条理）からすれば当然「商人も含まれる」という立法趣旨でしょうが、この点を曖昧にしてはなりません。「商人」を外したことは立法上の誤りと思われます。

ともあれ、判例や商法が要求する「自己報告による健全経営の遂行」を充足する「簿記の品質」は「相当なる時間内に、取引及び企業の状況に関する全容を伝達し得るような性質のもの」（現行商法238条1項第2文）です。商法商業帳簿規定の本質的な目的の1つである「自己報告による健全経営の遂行」は、商業帳簿の正規性（秩序性）、具体的には、「適時の記帳」による「経営状況の適時の把握」によって担保されるのです。

帝国裁判所（Reichsgericht　1879-1945年）
所在はライプツィヒ。帝国裁判所は、民事・刑事事案に関して、下位の裁判所（区裁判所・地方裁判所・上級裁判所）に対する最上級の最高裁判所であり、さらに、例えば職業法のような特別法領域の裁判所でもあった。最上級の裁判所としては、帝国裁判所の他に、帝国労働裁判所、帝国財政裁判所、帝国行政裁判所があった。

＊1 Bühler/Scherpf（1971）S.63.
＊2 Bühler/Scherpf（1971）S.63.
＊3 Bühler/Scherpf（1971）S.63.

9

文明は商業の親であり、会計は商業の子供である。
したがって、会計は文明の孫に相当する。

予防は治療に優る。

アーサー・ウルフ

イギリスの弁護士・会計史研究家

簿記・会計に関する金言

ウルフ『会計人および会計小史』（1912年）

　会計（Accountancy）の歴史は概して文明の歴史で
ある。（中略＝坂本）。商業は正確な会計（accurate
accounting）を行うべき多少精巧な方法なしには、こ
れを築き得ないことは明白である。それゆえに、会計
は文明の進歩と手をたずさえて来たことになる。商業は文明の
侍女といわれたが、同様に会計は両者の侍女であるといっても
誤りではない。換言すれば、**文明は商業の親であり、会計は商
業の子供である。したがって、会計は文明の孫に相当する**こと
になる。これは会計の歴史の研究が極めて興味深く、かつ貴重
となる理由である[*1]。

　まことに会計は時代の鏡であって、このなかに、われわれは、
国民の商業史および社会状態に多くの反映を見る。われわれの
研究過程において、会計は文明と相並んで進歩し、かつ社会に
よって達せられた文化と発展の程度が高いほど、その会計方法
が一層精巧であることが知られて来るであろう[*2]。

　会計人が今までに大成功を納めたとするならば、これは会計
人達が自分達の義務と職責（duties and obligations）を理解して
いたという進歩的な精神に、大いに帰因していることは疑いがな
い[*3]。

　会計士の信用に関して、次のようなことがいえる。『**予防は治
療に優る**（*Nous avons changé tout cela*）』と。会計人達はこの
ことを認識して、会計に関しては予防は治療に優ることを自覚

42

させたのである。そして、真の会計の科学はミステークを不可能にし、不正を無用にさせる方法を考案させることがあることを一般大衆に覚らせたのである。なぜなら、誤りが発生し、詐欺が行われたときにこれを発見するよりも、誤りを不可能にし、不正を無用にさせる方法を考案させる方が容易であるからである[4]。

＊ 1 Woolf（1912）p.1. 片岡義雄／片岡泰彦訳（1977）1 頁。この箇所はすでに久野（1993）の 317 頁で紹介されている。

＊ 2 Woolf（1912）p.1. 片岡義雄／片岡泰彦訳（1977）1 頁。

＊ 3 Woolf（1912）pp.191-192. 片岡義雄／片岡泰彦訳（1977）192 頁。

＊ 4 Woolf（1912）p.192. 片岡義雄／片岡泰彦訳（1977）193 頁。

解説

1912年に発刊された本書のタイトルは『会計人および会計小史』（*A Short History of Accountants and Accountancy*）であり、雑誌『アカウンタント』（*The Accountant*）に連続論文として執筆したものを、改訂・加筆し、一部を書き直したものです。

会計の歴史について

ウルフが「私は、この著書が偉大な独創性を有するものであるなどと主張しない。実際は、極めて多数の著書に散見する会計の歴史に関する多くの事実を集め、関連形式で執筆した以上のことをしたとは主張しない[1]」と記しているように、本書は多くの先駆的研究資料に依拠して執筆されています。そして「会計はいわば文明の一つの現れであること、および会計の歴史を支配する法則は、人類の進歩・発達をも支配する法則であることを示すこと[2]」に務めています。本書は、①簿記・会計の歴史的発達（第1章から第12章）と②監査と職業会計人の歴史（第13章から第17章）から構成されています。

ウルフは「会計の歴史は概して文明の歴史である」、「会計は時代の鏡である」、「会計は文明と相並んで進歩し、かつ社会によって達せられた文化と発展の程度が高いほど、その会計方法が一層精巧である」と述べ[*3]、「(簿記＝bookkeepingは)、人々の事業経営を助長するために、意識的、確定的、実際的な目標をもって進展した[*4]」と結論づけています。

「予防は治療に優る」＝複式簿記のチェック機能

　職業会計人に関してウルフは「特にアメリカにおいては、一時会計は単なる興信所の仕事とみなされるのが習慣となっていた。そして、会計士は不誠実を探知し、不注意な犯罪者を罠に掛けるために雇用された人物とみなされたのであった[*5]」と述べています。ちなみに『モンゴメリーの監査論』で有名なアメリカのモンゴメリーも「公共会計士に依頼することは、企業の財務について詐欺か不正か欠損か疑惑がある証拠だろうと疑われ恐れられたものだ[*6]」と語っています。

　その上でウルフは「誤りが発生し、詐欺が行われたときにこれを発見するよりも、誤りを不可能にし、不正を無用にさせる方法を考案させる方が容易である」と主張しています。

　複式簿記にはチェック機能があります。まず、①「証憑なくして記帳なし」の原則を遵守する。②取引を適時に、正確に、完全網羅的かつ整然明瞭に記帳する。③帳簿上の現金残高と実際有高を日々照合する。④記帳のダブルチェック体制を構築する。⑤証憑から決算書までの相互追跡可能性を残す。⑥記帳を遡及的に修正・訂正・加除等する場合にはその履歴を残す、などです。さらに、⑦「貸借一致の原則」(借方と貸方の金額一致)も重要です。複式簿記にはこれら二重三重のチェック機能が備わっています。

　職業会計人の本質的な職務は、監査によって「誤謬や不正」を発見することにではなく、このような簿記の予防機能を十分に発揮せしめることによって、「誤謬や不正」を発生させない仕組みを構築

することにあるとウルフは主張します。まさに「予防は治療に優る[*7]」です。

職業会計人の義務と職務

ウルフは「会計士の将来は、進歩的な発展の進路に沿って存在している。もしも、会計士がその運命を開拓しようとするならば、『進歩的な方針』を採用しなければならない。『前進する』ことは、そのスローガンでなければならない[*8]」とした上で、『実務教育と会計』（*Business Education and Accountancy*）を著したチャールズ・ワルドー・ハスキンス（1900年7月28日に設立されたニューヨーク大学の商学、会計、財務学部の初代学部長）の次の言葉を紹介しています。

「明日の会計業務（Accountancy）の幸福の大部分は、今日のわれわれの歴史の浅い職業（young profession）を構成しているごく少数の会計士の誠意と寛大さにかかっている[*9]」

職業会計人は会計の発展について重大な責任を負っています。

アーサー・ハロルド・ウルフ（Woolf, Arthur Harold）

英国、テンプル法学院所属の弁護士。『会計士および会計小史』（*A Short History of Accountants and Accountancy*）は、雑誌『アカウンタント』（*The Accountant*）に掲載した論文を単行本にまとめたもので、序論、本論、文献目録からなる。本書は、ブラウン（Brown, R.）およびペンドルフ（Penndorf, B.）の会計史研究書とともに、簿記、会計および会計士の歴史に関する「古典」と称すべきものである[*10]。

＊1 Woolf（1912）Preface. 片岡義雄／片岡泰彦訳（1977）「原著者のことば」。
＊2 Woolf（1912）Preface. 片岡義雄／片岡泰彦訳（1977）「原著者のことば」。
＊3 Woolf（1912）Introduction, x ix . 片岡義雄／片岡泰彦訳（1977）1頁。
＊4 Woolf（1912）Introduction, x x ix - x x x . 片岡義雄／片岡泰彦訳（1977）10頁。
＊5 Woolf（1912）p.192.片岡義雄／片岡泰彦訳（1977）192頁。
＊6 Montgomery（1937）p.2.
＊7 R.H. Bainton（1969）出村彰訳（1971）293頁。エラスムスの研究者であるベイントンは、『エラスムス全集5巻』(1133-1196頁)における市民の義務形成への統治者の配慮（領主にきついぶどう酒や腐った魚の販売を禁止させよ）には、予防医学的観点が見出されるとし、「予防は医療に勝る」と概括している。
＊8 Woolg（1912）p.192.片岡義雄／片岡泰彦訳（1977）193頁。
＊9 Woolg（1912）p.193.片岡義雄／片岡泰彦訳（1977）194頁。訳書では young profession を「若い職業」とするが、ここでは筆者の責任で「歴史の浅い職業」と訳出した。
＊10 片岡泰彦（2007）49頁を参照。

10 秩序が経営感覚を鍛える。

ヴェルナー・ゾンバルト

資本主義や経済体制という概念を
広く普及させたドイツの社会経済学者

簿記・
会計に
関する
金言

ゾンバルト『近代資本主義』(1917年)より

　体系的な簿記による営業のきわめて独特な秩序（Ordnung）に内在する、資本主義制度の展開にとっての卓越した意義をわれわれが意識するとき、「秩序が経営感覚を鍛える（Ordnung den wirtschaftlichen Sinn stärke)」というこの確信は、このうえもなく生き生きと感じられる真理となる*1。

　複式簿記抜きで資本主義を考えることは到底できない。資本主義と複式簿記は互いに形式と内容のように振るまうのである。ここで疑問を抱く者があるかもしれない。資本主義が自らの力を発揮するための道具として複式簿記を作ったのか、それとも、複式簿記がその精神から資本主義を初めて生みだしたのかと*2。

　複式簿記！　複式簿記という学問あるいは技法の教科書で、ヴィルヘルム・マイスターの義兄の台詞（ゲーテ自身の言葉ではないにしても！）を誇らしげに掲げていないものはない。「人間の精神が産んだ最高の発明の1つだね（Es ist eine der schönsten Erfindungen des menschlichen Geistes.)。立派な経営者はだれでも、経営に複式簿記を取り入れるべきなんだ」。わたしは思うのだが、商人ヴェルナーのこうした判断を実際に我がものにできるのは、この最後の文章に表されている思想を、「複式簿記を採用することが、どのような個人の家政管理（Privathaushalt）にも役立つ」といった具合に解釈するのでなく、複式簿記が人間精神のもっとも崇高で影響力の大きい発明の1

つ、より正確には創作の1つだと宣言しているという意味で、この判断を理解するときであろう。その意義を余すところなく評価しようとするなら、16世紀以降の思想家たちが自然界の諸関係に関して整備してきた「知見」と対比してみる必要がある。複式簿記は、ガリレイやニュートンの体系、現代の物理や化学の学説と同じ精神から生まれたのである[3]。

※ゲーテは本書5を参照。

---

[1] Sombart (1917) S.118.
[2] Sombart (1917) S.118.
[3] Sombart (1917) S.118f.

解説

　ゾンバルトの『近代資本主義』は全3巻、3千頁を超す大書です。同書に関しては、歴史家、社会学者や経済学者からの批判があります。しかし、ゾンバルトの偉大さはむしろそのような部分的な欠点の内にこそ築きあげられています[1]。また同時に、ゾンバルトの名は「複式簿記を賞賛したこと」でも知られています。

　わが国の諸文献では、同書の邦訳書である『ゾンバルト 近代資本主義』（木村元一・春秋社）の該当箇所が直接・間接に引用されています。ただし、原書では「資本主義の発展に関する体系的な簿記の重要性」という表題のもとで21頁（118-138頁）にわたって「簿記」が記述されていますが、邦訳書ではたった3頁に要約されています。『ゾンバルト 近代資本主義』は木村教授がその「序」で述べているように原書の抄訳書であり、超訳と言っても過言ではありません（同書の該当箇所の一部を下記に掲載しました[2]）。

　「資本主義の発達に対する複式簿記の意義はいくら強調しても強調し過ぎることはない。当時の教科書は、簿記を『人間精神の発明した最も美はしきものの1つ』と書いているが、たしかに複式簿記はガリ

レイやニュウトンの体系と同じ精神から生まれたのである。これによって明確な利潤が観念できるようになり、抽象的な利潤の観念は資本概念をはじめて可能ならしめたのだ。そうして固定資本とか生産費の概念が生まれ、企業の合理化の道を準備したのだ。簿記組織によって営業の独立性が明確に意識される」

　例えば、よく「資本主義の発達に対する複式簿記の意義はいくら強調しても強調し過ぎることはない」との文章が引用されますが、ドイツ語原書にはこの文章は見当たりません。その意味で『ゾンバルト　近代資本主義』（木村）の引用をもって「複式簿記に関するゾンバルトの見解」とするのは、いささか粗雑ではないでしょうか。

人間精神の発明した最も美<ruby>はしきもの<rt>うる</rt></ruby>の１つ

　ゾンバルトが用いた「人間精神の発明した最も美はしきものの１つ」との表現は、ゲーテの著『ヴィルヘルム・マイスターの修業時代』からの引用です。原文はともに Es ist eine der schönsten Erfindungen des menschlichen Geistes ですが、ゲーテの邦訳書（山崎章甫氏訳）では「人間の精神が産んだ最高の発明の１つだね」としています。山崎氏の訳の方が原文に忠実です。

秩序が経営感覚を鍛える＝会計で会社を強くする

　特に重要なのは、「秩序（Ordnung）が経営感覚を鍛える」というゾンバルトの見解でしょう。それは、ルカ・パチョーリが「秩序正しさ」（ドイツ語では Ordnung）をもって、記帳及び財産目録作成の基本原理としたこと、ゲーテが（ヴェルナーの台詞を借りて）「商売をやってゆくのに、広い視野をあたえてくれるのは、複式簿記による整理（Ordnung）だ」とした趣旨に通じます。stärken には「鍛える」という意味の他に「強くする」という意味があります。「秩序（複式簿記のこと＝坂本注）が経営感覚を鍛える」とは「会計で会社を強くする」と同じ意味です[*3]。複式簿記が内包する秩序性によって、「自己報告による健全経営の遂行」を図ることができるのです。

「事実（本質）」と「形式」

ゾンバルトは「複式簿記は、経営組織が振り払えていない欠陥の完全な認識を初めてもたらし、そのようにして初めて、経営遂行の体系的な改善を進展させるための前提条件となる」、「固定的な資本と流動資本、資本の形式変更、売上高、資本の回転、製造原価などのカテゴリーは複式簿記の基本理念の転用から生じたものであり、複式簿記がなければおそらくは成立しておらず、さもなければ、その明快さははるかに劣る形でしか成立していなかったはずである[*4]」として、複式簿記が「経営の合理化（Rationalisierung der Wirtschaft）」、すなわち「経営遂行の合目的性と計画性[*5]」をもたらしたプロセスを説明します。

複式簿記は、「さまざまな現象を整理した人工的な体系」（知的体系）であり、「一切の現象を量としてのみ把握するという、首尾一貫してなされた基本的思想に立脚」しています。この思想によって、ガリレオ・ガリレイ（Galileo Galilei）はその当時信じられていた天動説を否定して地動説を打ち立て、アイザック・ニュートン（Sir Isaac Newton）は万有引力の法則を発見しました。ゲーテの金言でも触れたように、複式簿記を通じて「伝達」された「形式（写体）」と「事実関係」は同一のものです。自然認識の驚異をことごとく白日のもとにさらす[*6]複式簿記による「定量化」が、経営者の経営感覚を鍛えるのです。

ヴェルナー・ゾンバルト（Sombart, Werner　1863-1941年）
ドイツの社会経済学者。ウェーバーとともにドイツ歴史学派の最後の世代に属し多方面にわたって活躍し、とくに近代資本主義の特質とその起源などについて多数の著作をつうじて資本主義や経済体制という概念を広く普及させた。若い頃は、マルクス主義に強く影響されて1896年に *Sozialismus und soziale Bewegung im 19. Jahrhundert*（『社会主義及び社会運動』林要訳）を著したが、晩年にはドイツの国民性に合致する建設的な社会主義を唱えてナチスに接近するようになった。彼の主著は1902年の *Der moderne Kapitalismus*（『近代資本主義』）である[*7]。

---

*1 木村（1950）序2頁。　*2 木村（1950）152-153頁
*3「会計で会社を強くする」という意味内容は坂本（2013）を参照。
*4 Sombart（1917）S.121.　*5 Sombart（1917）S.121.　*6 Sombart（1917）S.119.
*7 都留（1994）208頁を参照。

11

会計はすべての企業に対して、過去についての間違いのない裁判官であり、現在についての必要な指導者であり、未来についての信頼できる相談相手である。

J.F. シェアー

スイス生まれ。本格的な経営学研究の先鞭をつけた商業学の権威者

簿記・
会計に
関する
金言

シェアー『会計と貸借対照表（第5版）』(1922年)

会計（Buchhaltung）はすべての企業に対して、過去についての間違いのない裁判官であり、現在についての必要な指導者であり、未来についての信頼できる相談相手である[1]。

総合仕訳帳・元帳・貸借対照帳の如く月々・年々等只定期的に記入せらるる帳簿は例外であるが、其の他の一般の帳簿は常に日々記帳されなければならない。此原則を確守しなければ簿記の全組織は不秩序(Unordnung)に陥り、正規の簿記(Ordentliche Buchführung) 及び法律 (Gesetz) の要求に適合せざることとなる。帳簿が其日其日のことを表示することを補け又は之を強制する改良は非常なる進歩を意味する[2]。

---

[1] Schär (1922) Motto. 林訳 (1925) では Richterin を「判決者」と邦訳するが、本書では「裁判官」とした。
[2] Schär (1922) S.354. 林訳 (1925) を参照。林訳では「整然たる簿記」とするが、筆者の責任で「正規の簿記」とした。

本格的な経営学研究の先鞭をつけたシェアー

　20世紀初頭、ドイツの商科大学で教えられていた商業学は、実務的な商取引上の知識が中心で、学問としての理論化・体系化に欠いていました。そのなかで初期のドイツ学者たちは、私経済に関する諸概念を開発し、精緻化をしていく努力を重ねていきました[*1]。その時代、シェアーは、商業学の体系化を試み、本格的な経営学研究の先鞭をつけた商業学の権威でした。本書で「会計（Buchhaltung）」と「簿記（Buchführung）」を論じています。

　冒頭の金言はシェアーが本書で座右銘（Motto）として掲げたものです。邦訳書は、1925年に神戸高商の林良吉氏によって『会計及び貸借対照表』（同文舘、1925［大正14］年）が上梓されています。

アメリカと日本の会計学へ大きな影響

　20世紀はじめから1920年代にかけてアメリカの会計学における基礎的理論の代表的名著として1909年のハットフィールド（H.R. Hatfield）の『近代会計学』（*modern Accounting*, 1909）が挙げられます[*2]。同書は、その後の改訂版『会計学』（1927）とともに、わが国の会計近代化にとっても大きな影響を与えました[*3]。そのハットフィールドが、自著『近代会計学』における複式簿記に関して、シェアーの理論に負うところが大きいと記しています[*4]。

「正規の簿記の諸原則」と記帳条件

　シェアーは本書（1922年発刊の第5版）において「本書全体を総合し簿記に関する判断の標準を論定する」という表題の下で、「書類」をはじめとする9つ項目を解説しています[*5]。その5が「簿記と営業経営との時間的一致」です。特に注目されるのは、シェアーが「一般の帳簿は常に日々記帳されなければならない」として「適時の記

帳」を求め、「此原則を確守しなければ簿記の全組織は不秩序に陥り『正規の簿記』及び『法律』の要求に適合せざることとなる」としていることです（傍点は筆者）。

さらに本書の第2部[*6]で、1919年ライヒ国税通則法の関連条文が紹介されていることが注目されます[*7]。というのも、1897年ドイツ商法は、その制定からしばらくの間、「適時の記帳」などの具体的な記帳条件を明文化しておらず、商法第38条第1項所定の「正規の簿記の諸原則（Grundsätzen ordnungsmäßiger Buchführung、GoB）」の概念は「注意深い商人の慣習」に白紙委任するものとされていたからです。法解釈上、GoB概念の内容は未だ具体的な形で定義されていなかったのです[*8]。その後1919年ライヒ国税通則法は、その第162条で「連続した（fortlaufend）記帳」と「日々の現金残高の掌握」の義務を課し、「記帳の適時性」を求めました[*9]。これを契機にドイツでは、ライヒ国税通則法第162条に規定されたこれら各種の記帳条件が商法第38条第1項所定の「正規の簿記の諸原則」の中身を充塡するという解釈に至ります[*10]。シェアーが「正規の簿記（ordentlich Buchführung）」という表現の下で、日々の記帳をしなければ「法律」に適合しない、としていることからも、こうした一連の解釈の正当性が裏付けられます。

会計研究の学際的視点

商業学の権威であったシェアーが税法の研究も射程に収めていたことに注目すべきです。日本では、会計学、商法学、税法学が「独立して」存在し、これらを横断し俯瞰した学際的研究は極めて乏しいのが現状です。お互いの専門領域（会計学、商法学、税法学など）を侵してはならないという研究者間の不文律が存在しています。

他方、ドイツでは会計学、商法学、税法学を網羅した学際的な研究が行われています。帳簿はただ1つであり、会計学、商法、税法ごとに数種類の帳簿があるわけではありません。その意味で、縦割り、とりわけ税法を無視した会計研究は「著しく価値を欠いたもの」と言わざるを得ません。

なお、Buchhaltung（会計）には4つの意味があり、Buchführung と同義とされる場合もあります[*11]。シェアーは「会計（Buchhaltung）を実施する為の技術たる簿記（Buchführung）は記帳及び書類より成立つものである[*12]」と定義しています。シェアーは Buchführung を狭義の意味で用いています（簿記と会計の意味は本書資料編の Q1 を参照）。

簿記の目的

シェアーによれば、簿記（Buchführung）の目的は4つあるといいます[*13]。その③と④は「自己報告による健全経営の遂行機能」に関する言及です。

③簿記は、計画された各取引の見積、実行に伴う管理または日々の作業計画の立案、最終的には会計結果に基づいた再計算による適切な証明によって、あらゆる段階で継続的に経営を援助するものでなければならない。

④簿記は、営業経営を部分的にまたは全体について批判的に判断し、経営の誤謬を発見し、失敗の原因を明らかにしなければならない。

とりわけ、冒頭に掲げたシェアーの座右銘は、簿記・会計の「自己報告による健全経営の遂行機能」を見事に言い尽くしています。さすがに経営学研究の先鞭をつけた商業学の権威者です。

ヨハン・フリードリッヒ・シェアー（Schär, Johann Friedrich　1846-1924年）
スイス生まれ。5年間教師を務めた後、経営者に転じた。1874年に教職に復帰し、1880年中学校の校長に就職。1882年にバーゼル実科高等学校に転じた後、1903年チューリッヒ大学の商業学正教授に就任した。1906年にはドイツのベルリン商科大学に正教授として招かれ、活発な研究・教育活動に従事するとともに、1916年ー1918年には学長の職務に就いた。シェアーの研究領域はきわめて広く、その著書・論文は多方面にわたっており、商業学の体系化を試み、本格的な経営学研究の先鞭をつけた[*14]。

＊1 上林／清水／平野編著（2021）11頁。　＊2 松尾訳（1993年）「訳者のことば」iii。
＊3 久野（1993）382頁。　＊4 松尾訳（1993）「序文」xi。
＊5 Schär（1922）S.352ff. 林訳（1925）348-357頁。　＊6 Schär（1922）S.87ff.
＊7 Vgl.Schär（1922）S.105ff.　＊8 坂本（2011）79-82頁。　＊9 坂本（2011）120-124頁。
＊10 坂本（2011）84-87頁。　＊11 松本（1990）12頁。　＊12 Schär（1922）S.5. 林訳（1925）7-8頁。
＊13 Schär（1922）S.355ff. 林訳（1925）353-355頁。　＊14 安平（2007）545-546頁を参照。

12

合理的な資本主義的経営とは、
その収益を、近代的な簿記という手段や
決算書の作成などによって、
計数的に管理する営利経営をいう。

マックス・ウェーバー

世紀交代期に活躍した
ドイツの社会科学者

| 簿記・会計に関する金言 | ウェーバー『一般社会経済史要論』(1923年)より |

ウェーバー『一般社会経済史要論』(1923年)より

　結局において資本主義を生み出したものは何であるか。それは合理的な持続的企業・合理的会計（Buchführung、accounting）・合理的技術・合理的法律なのであるが、しかしそれにつきるわけではない。以上に附加してこれを補完すべきものがある。すなわち、合理的精神・生活態度の合理化・合理的な経済倫理がこれである[*1]。

　合理的な資本主義的経営とは、資本計算をともなうところの経営をいう。くわしく言うと、その収益を、近代的な簿記（Buchführung、bookkeeping）という手段や決算書の作成などによって、計数的に管理する営利経営をいう[*2]。

※ドイツ語の Buchführung には「簿記（bookkeeping）」と「簿記（bookkeeping）と会計（accounting）」という2つの意味がある。また、Bilanz にも「貸借対照表」と「決算書」という2つの意味がある。

簿記・会計に関する金言

『プロテスタンティズムの倫理と資本主義の精神』(1904-1905 年) より

　　民間の資本主義的な経済活動の根本的な一つが、すべてのものを厳密な **計数的** な予測 (streng rechnerischen Kalküls) に基づいて合理化し、経済的な成果を実現することを目指してしっかりと計画を立て、冷静に実行していくことにあったことも、明らかである。これは、手を使って栽培した作物を口に運んで消費する農民の生活とも、古くからの手工業者の特権に支えられたのんびりとした仕事ぶりとも、政治的な好機や非合理的な投機を目指していた「冒険商人的な資本主義」とも異なる重要な特徴である[3]。

＊1 Weber (2012) S.302、Weber (2003) p.354、黒正／青山 (1971) 237 頁を参照。
＊2 Weber (2012) S.238、Weber (2003) p.275、黒正／青山 (1971) 119 頁を参照。
＊3 Weber (2009) S.65. 中山 (2010) 115 頁、大塚 (1989) 92 頁を参照。

解説

　マックス・ウェーバーは、社会学という学問の黎明期にあって、さまざまな方法論の整備にも大きな業績を残しました。近代社会学の創始者と言われています。

　ウェーバーは、ゾンバルトとともに、社会科学における学問的考察から価値判断を除外すべきであるとして、経済学を倫理的、歴史的学問と規定したシュモラーと対抗しました[1]。

> グスタフ・フォン・シュモラー (Schmoller, Gustav von、1838-1917年)
> ドイツ歴史学派の経済学者。新歴史学派と社会政策学会のリーダーとして活躍し、ベルリン大学総長として社会・経済政策や大学行政にも影響を与えた。政策の客観性をめぐる価値判断論争の背後には、歴史における精神的諸力の最高形態として国家の作用を重視するシュモラーと、資本主義の発展を国家の経済政策とは別の次元から説明しようとするゾンバルト、ウェーバーらとの対立があった[2]。

　さらにウェーバーは、社会科学領域の事象を因果的に理解する手段として、「理念型 (Idealtypus、イディアルティプス)」という概

念を唱えました。要するに、われわれは、複雑な環境条件の中で、もっとも本質的だと思う部分を、われわれ自身の価値観から割り出して、客観的な可能性と、それに適合すべき因果関係から、1つの統一的理想像を作り上げるべきだ、ということです[*3]。

ゾンバルトとウェーバー

西欧近代資本主義の発展の原動力に関しては、ゾンバルト（1863－1941）とウェーバー（1864－1920）の間に見解の相違がありました。ウェーバーは、『プロテスタンティズムの倫理と資本主義の精神』（1904年－1905年）において、近代の経済活動の基本的な動機として「経済的な合理主義（ökonomischen Ratiolismus）」が指摘されることが多く、ゾンバルトの著書にはそれについて適切で有益な記述が少なくないとしつつ[*4]、近代資本主義発展の原動力は、主にカルヴィニズムにおける宗教倫理から生み出された世俗的禁欲と生活合理化であり、プロテスタント社会の方が生産性が高いことを主張しています。これに対して、ゾンバルトは、『恋愛と贅沢と資本主義』（初版は1912年、再版1922年）において、「恋愛と贅沢」が、「資本主義」の産みの親であり、その発展の原動力になった、と主張したのです。二人の見解は正反対といってもいいほど異なっています。

しかし、このような学説の違いはあるものの、ゾンバルトとウェーバーは20世紀におけるドイツ新歴史派経済学の新世代の旗手であり、二人は、親密な交友関係にあるとともに、社会科学方法論の領域で共同戦線を張っていました。ゾンバルトの学問的卓越性を承知していたウェーバーは、ゾンバルトをフライブルク大学、ハイデルベルク大学での自分の講座の後継教授に推薦しています[*5]。

複式簿記の「予測可能性と計算合理性」

ウェーバーが、近代的資本主義を生み出したものの1つとして合理的簿記を掲げるとともに、「合理的な資本主義的経営」とは、「計

数的な管理」と「厳密な計数的な予測」にあるとしていることは極めて重要です。1849年のドイツ帝国司法省の商法草案理由書も言及しているように、商業帳簿の自己報告機能には、「将来の計数的な予

図表　近代資本主義の合理的な経営の特徴

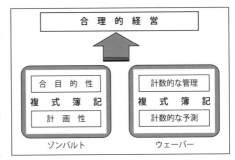

測」も含まれます。つまり、合理的な資本主義的経営とは、その収益性のコントロールを複式簿記（近代的な簿記）、決算書の作成、経営計画によって計数的におこなう経営をいうのです。

　既述のようにゾンバルトも「経営の合理化」は、複式簿記による「経営運営の合目的性と計画性」にあるとしていました。二人は近代資本主義の最大の特徴である「合理的な経営」における、複式簿記の位置づけについても意気投合しているのです（図表参照）。

マックス・ウェーバー（Weber, Max　1864-1920年）
世紀交代期に活躍したドイツの社会科学者。法学から出発し、国民経済学、経済史・経済政策、宗教社会学、政治学、社会科学方法論など個別科学の諸分野で、問題提起的成果を数多く残した。当時の学問的諸潮流への批判的対決として、認識と実在、存在と当為の峻別に基づき、科学的認識における価値自由、理念型構築の必須性を主張。抽象的理論と経験的実証の可及的相互検証、方法論的個人主義にたつ客観的社会要因と主観的社会要因の相関的究明をとおして、西洋近代の普遍史的自己認識と人類の未来に対する鋭く冷厳な洞察を示した[*6]。主な著書は、Wissenschaft als Beruf（『職業としての学問』）、Politik als Beruf（『職業としての政治』）、Gesammelte Aufsätze zur Religionssoziologie（『宗教社会学論集』）、Die protestantische Ethik und der Geist des Kapitalismus（『プロテスタンティズムの倫理と資本主義の精神』）等。

＊1 金森（2000）「訳者あとがき」356 頁を参照。　＊2 伊東（2004）400 頁を参照。
＊3 飯塚（1985）69 頁。　＊4 Weber（2009）S.64. 中山（2010）114 頁。大塚（1989）91 頁を参照。
＊5 池田（2001）8-10 頁を参照。　＊6 伊東（2004）48-49 頁を参照。

13 月次損益計算は経営の成行を速く注視し得るものである。

オイゲン・シュマーレンバッハ

動態論を提唱し、近代会計学の理論的基礎を築いたドイツの経営経済（会計）学者

簿記・会計に関する金言

シュマーレンバッハ『動的貸借対照表論』[※1]（1926年）より

期間計算は時間の長さによって区切られる。実際上考えられるものは主として年次損益計算（Jahreserfolgsrechnung）と月次損益計算（Monatliche Erfolgsrechnung）とである。

月次損益計算は年次損益計算に対立して短期損益計算としての特殊な特徴を有するものである。短期損益計算の特徴は1か月よりも短き期間（例えば1週間、10日）もあり、またこれより長い期間（例えば3か月）のこともある。これらのうち、月次損益計算は実務上最も優勢であって、専門的慣用語としても月次損益計算をもって短期損益計算の典型的代表者のごとく見ることとなっている。

月次損益計算は経営の成行を速く注視し得るものであって（Die monatliche Erfolgsrechnung ist dazu da,den Hergang der Wirtschaft schnell beobachten zu können）、**これによってたとえ短所があってもその損害を及ぼすところ極めて短期日に極限され、あまり進ませないようにし、また計算上認められる良き手段を早く用いることができるのである。**月次損益計算はまったく内部に向けられたもので経営管理（Betriebsleitung）にのみ限られたものである。

さらに年次計算（Jahresrechnung）はゆっくりなされるが、月次計算（Monatsrechnung）は急いでなされる。月次計算は締切日から3週間ばかりにして完了されるが、年次計算には数か月の

猶予が与えられる。だから月次計算は銀行や代理店等からの計算書がたとえ月々入ってくるとしても、それを全部待つことができないで、これを測定しておかなければならないことがたびたびある。

※土岐 (1950) は、Wirtschaft を「経済」、Betriebsleitung を「経営指導」と邦訳するが、本書ではそれぞれ「経営」、「経営管理」と訳した。

＊1 Schmalenbach (1926) S.75f. 邦訳は土岐 (1950) 43-45 頁を参照。

解説

　シュマーレンバッハは、1673年に制定されたフランス商事王令に端を発する商法典にみられる、貸借対照表が企業の財産の決定のための手段であるという考え方（債権者保護思想に支えられた財産計算の思考）を静態論とし（商事王令は本書2を参照）、自己の提唱する動態論と明確に区別しました。そして、動態論では貸借対照表を動的貸借対照表（Dynamische Bilanz）と位置づけます（静態論では静的貸借対照表）。

　ドイツ最初の統一的な商法典である1861年一般ドイツ商法典は、財産目録とならんで新たに貸借対照表の作成を義務付けました。そこでは、「付すべき価額」をめぐる、資産評価が重要な問題とされ、債権者保護のため損益計算書よりも貸借対照表が重要視されていました。しかし、静態論が基本とする資産の時価評価は、評価益を源泉とする配当による「資本の流出」や、（固定資産の時価評価に基づく）多額の評価損計上による「資本の毀損」を引き起こすことになりました。このように、株式会社制度が発展し、プロダクト型経済に移行した20世紀では、静態論では解決できない問題が浮上することになったのです。

動態論

　シュマーレンバッハが公表した『動的貸借対照表論』（1926年）において体系化された動態論によって、損益計算への基本的な考え方が一変しました。動態論では、損益計算を重視し、収支を損益に変換する過程で生ずる損益計算上の未解決項目が貸借対照表に収容されると考えます。このため、貸借対照表に比して損益計算書に重要性が認められます。また、静態論では時価主義を採用しますが、動態論は取得原価主義に立脚しています。

経営改善の手段としての月次決算

　シュマーレンバッハは、『動的貸借対照表論』において、**「月次損益計算は経営の成行を速く注視し得るものである」**として、年次損益計算の発展型である月次損益計算の重要性とその役割にも言及しています。そのポイントは以下のとおりです。
　　①月次決算は、短期の成果計算の代表的なものであり、実務上最も重要である。
　　②月次決算は、事業の動向を速く示すものであるため、これによって、たとえ赤字が生じる要因があってもその損害を最小限に抑えることができ、かつ、すぐに経営改善の手段を講じることができる。
　　③月次決算の目的は、内部への報告（経営者への自己報告）にあり、経営管理に資するものである。
　　④月次決算は、作成の適時性が要求されるので、一部の科目の残高は合理的に確定させる必要がある。

　これらの視点は、百年以上過ぎた現在においても未だに新鮮です。「会計で会社を強くする」ための手段として「発生主義による月次決算」は格別に重要なのです。

企業会計原則・中小会計要領と動態論

　わが国の企業会計原則は、シュマーレンバッハが体系化した動態論に立脚して策定されています。戦後長い間、この企業会計原則は、日本の企業会計の憲法的存在でした（企業会計原則は本書21を参照）。しかしながら、近年IFRS（国際財務報告基準）に象徴される

「時価主義を基本とした資産負債アプローチ」が、わが国の企業会計基準にも順次取り入れられ、会計研究者の間では「企業会計原則は新たに設定される会計基準の根拠としては、ほとんど重視されていない」とされています。

ただし、これは株式公開大企業向けの企業会計基準の話です。2012（平成24）年に公表された「中小企業の会計に関する基本要領」（中小会計要領）は、企業会計原則と同様に、損益計算書の重視、取得原価主義の採用など、シュマーレンバッハが体系化し完成させた動態論に立脚して策定されています。その意味で、企業会計原則はけっして死文化しておらず、わが国の中小企業会計基準の支柱として生き続けています。

□補足：収益費用アプローチ（動態論）と資産負債アプローチ

現在の大企業向けの会計基準は、従来から中心的な位置を占めていた動態論（収益費用アプローチ）から資産負債アプローチへ移っています。資産負債アプローチは「時価主義による企業価値評価」を基本としており、静態論の応用・発展型といえます。

静態論→動態論（収益費用アプローチ）→静態論の応用・発展型（資産負債アプローチ）

オイゲン・シュマーレンバッハ（Schmalenbach, Eugen　1873-1955年）
ドイツの経営経済（会計）学者。政治学博士、名誉法学博士、名誉経済学博士。ヴェストファーレン州生まれ、父親の経営する錠前工場の簿記と原価計算の責任を負うが、1898年にライプツィヒ商科大学に入学。1903年に新設されたケルン商科大学私講師として大学教授資格を取得。1906年に私経済学教授に昇格。1919年ケルン商科大学経営経済学教授。夫人がユダヤ系であったため迫害、果ては隠れ家に匿われるが、終戦の1945年に同大学に復帰。その業績は多岐に及ぶが、特に *Dynamische Bilanz*（『動的貸借対照表論』）では動態論を提起し、近代会計学の代名詞となった。動態論、静態論の名称は彼の著書に由来する。神戸大学から名誉経営学博士を授与されている[*1]。

＊1 土方（2007）651頁を参照。

14

資本主義的行動は貨幣単位を合理的な
費用＝利潤計算の用具に転化せしめる。
複式簿記こそはその高くそびえる記念塔で
ある。

ヨーゼフ・シュンペーター

イノベーションが経済発展の最も主導的な要因
であるとした、オーストリア出身の経済学者

簿記・
会計に
関する
金言

シュンペーター『資本主義・社会主義・民主主義』[※1]（1950年）**より**

　利潤動機や利己心についてもまたしかり。実は資本
主義以前の人も資本主義時代の人に劣らず「獲得欲」
に燃えていた。たとえば、農奴にせよ武家諸侯にせよ、
みな全身全霊の動物的エネルギーを傾けて自己の利
益を追求した。とはいえ資本主義は、次の2つの相関連した仕
方でこの合理性（Rationalität）を高め、かつこれに新たなる鋭さ
を加えた。

　第1に、資本主義は貨幣単位－それ自体なにも資本主義の産
物ではないが－を計算単位にまで高める。すなわち、**資本主義
的行動は貨幣単位を合理的な費用＝利潤計算**（rationaler
Kosten-Gewinn-Kalkulationen）**の用具に転化せしめる。複式簿
記こそはその高くそびえる記念塔である**（deren überragends
Denkmal die doppelte Buchhaltung ist.）（脚注参照）。いまはこの
点に立ち入ることをしないで、ただ次のことを注意しておこう。
それは、第1義的には経済的合理性の発展の申し子たる費用＝
利潤計算が、やがて逆にその合理性自体に反作用し、数量的な
具象化と明確化とを通じて強力に企業の論理を推進せしめるこ
とである。かくのごとく経済部門において明確化され数量化さ
れた型の論理、態度、方法は、次には人間の道具や哲学、ある
いは医療方法、あるいはまた宇宙観、人生観のみならず、美、
正義、精神的抱負の概念を含む実際上いっさいのものを隷属さ
せる－合理化する－征服者街道（Eroberungslaufbahn）に乗り出

すのである。

　この要素は、ゾンバルト（Sombart）によって強調され、かつ彼一流（more suo）の形で誇張された。複式簿記は、長く迂回した道の最後の段階であるが、そのすぐ前に位するものは、時おり棚卸しを行ない損益計算をなすことであった。（中略＝坂本）。1494年のルカ・パチョーリ（Luca Pacioli）の簿記に関する一論文は、その年次の古さのゆえに重要な里程標となっている。

※ゾンバルトは本書10を、ルカ・パチョーリは本書1を参照。

＊1 Schumpeter（1950）S.202. 中山／東畑（1995）193 頁。

解説

　イノベーション（innovation）は「経営革新」や「技術革新」と訳されます。シュンペーターは『経済発展の理論』（1911年）においてイノベーションという言葉を使用していません。その代わりに使われているのが「新結合（neue Kombination）」という表現で、これが後に「イノベーション」と呼ばれるようになります。

　シュンペーターは「新結合」を、「私たちの出発点である静態的経済のなかに存在する財の一部を、それがこれまで役立ち、そのために生産されてきた静態的な使用から取り上げて、それを別の用途に振り向ける。これが、私たちが新結合の遂行（Durchsetzung neuen Kombinationen）として理解していることである」と定義しています＊1。

　つまり、イノベーションとは、新発見・新発明だけを言うのではなく、より大きな概念である「新しい組み合わせ」、すなわち既存の財（考え方、要素）の組み合わせによって新たな付加価値（財）を生み出すことなのです。

　そして、シュンペーターはこの新結合について、「経済主体の小グループの心の中」に存在しているが、「大半の人々にはそれは見

えないし、彼らにとっては新しい結合は存在しない。彼らは毎日の慣れた仕事に従い、それで満足している」「こうした人々が大多数である。しかしより鋭敏な知性と豊かな想像力を備えた少数の人々は、数え切れない新しい結合を見出すことができる。彼らはとらわれない目で日常の出来事を眺めているので、多くのアイデアが自然と湧いてくる」「新しい結合はいつでも思いつくことができるが、欠かすことができない決定的なものは、行動であり行動力である」「つまり決定的な要素はエネルギーであって、『認識（Einsicht）』ではないのである」と解説しています[*2]。

初版（1911年）では新結合の種類と内容についての整理は行なわれていません。シュンペーターは、続く改訂版（1934年）において「新結合」を、①新しい財貨の生産、②新しい生産方法の導入、③新しい販路の開拓、④原料あるいは半製品の新しい供給源の獲得、⑤新しい組織の実現、とはじめて具体的に定義しました[*3]。

シュンペーターの「イノベーション論」の要点は、新結合、すなわち「ある静態的経済のなかに存在する財の一部を、それがこれまで役立ち、そのために生産されてきた静態的な使用から取り上げて、それを別の用途に振り向ける」ことにあります。

複式簿記

シュンペーターは、「資本主義的行動は貨幣単位を合理的な費用＝利潤計算の用具に転化せしめる。複式簿記こそは、その高くそびえる記念塔である」とし、「経済部門において明確化され数量化された型の論理、態度、方法は、次には人間の道具や哲学、あるいは医療方法、あるいはまた宇宙観、人生観のみならず、美、正義、精神的抱負の概念を含む実際上いっさいのものを隷属させる－合理化する－征服者街道に乗り出す」として、最大級の表現を用いて複式簿記を絶賛しています。

しかし同時に、「いまはこの点に立ち入ることをしない」とし、「この要素は、ゾンバルトによって強調され、かつ彼一流の形で誇張された」とも言っています。シュンペーターは、「複式簿記の賞賛」に関してはゾンバルトが用いた表現には及ばない、と考えたのかも

しれません。

期間計算の重要性

　特に重要なのは、シュンペーターが「複式簿記は、長く迂回した道の最後の段階であるが、そのすぐ前に位するものは、時おり棚卸しを行い損益計算をなすことであった」と指摘していることです。ドイツの会計学者レフソンも、「期間計算を欠いた正規の簿記は、証明機能の充足のためにはそれで十分であろう」としています。古代エジプト以来、複式簿記が集大成されるまでの間、簿記の目的は「取引記録の証明力」にあり、「期間の損益」を知るために、一定期間を区切って決算を組むという発想にまでは至らなかったのです。

　これに対して複式簿記は、「期間損益計算」を前提としています。一定期間の損益を計算をするためには、その第一歩として、棚卸しを行い、その会計期間の売上原価を確定させる必要があります。複式簿記誕生の背景の1つに、「損益計算による利益の算出」の必要性があったのでしょう。ともあれ、複式簿記は「合理的な費用＝利潤計算」の道具なのです。

ヨーゼフ・アーロイス・シュンペーター（Schumpeter, Josepf Alois　1883-1950年）ウィーン大学で、ボエーム＝バヴェルクに学ぶ。30歳前後に、すでに代表作 *Das Wesen und der Hauptinhalt der theoretischen Nationalökonomie*,1908（木村・安井・大野訳、『理論経済学の本質と主要内容』）、*Theorie der wirtschaftlichen Entwicklung*,1.Aufl.,1912,2.Aufl.,1926（塩野谷・中山・東畑訳『経済発展の理論』）、Epochen der Dogmen- und Methodengeschichte,1914（『経済学史』）をあらわし、また一時1919年オーストリア共和国内閣の大蔵大臣であったこともあるが、1925年には渡米してハーバード大学教授となり、そのままアメリカで余生を送った。その間、*Capitalism,Socialism and Democracy*,1942（中山・東畑訳『資本主義・社会主義・民主主義』）等をあらわした[4]。

＊1 Schumpeter(1911) S.158. 八木／荒木訳（2020）157頁。
＊2 Schumpeter(1911)ff.162-164. 八木／荒木訳（2020）160-162頁。
＊3 Schumpeter(1934)ff.100-101. 塩野谷／中山／東畑訳（1977）182-183頁を参照。
＊4 都留（1994）165-166頁を参照。

15 年度決算書による時宜を得た商人の自己報告は、商人自身や債権者保護のために支払停止の回避を目的としている。

ウィルリッヒ・レフソン

ドイツを代表する
経営経済（会計）学者

簿記・会計に関する金言

レフソン『正規の簿記の諸原則』（1987年）**より**

　法律家の文献（クルーゼのこと＝坂本注）では、商事王令の記帳規範が、帳簿の証拠力の保証だけではなく商人に自己報告（Selbstinformation）を強制していることを必ずしも認めていないようである。債権者保護の形態はサヴァリーに見られるだけではなく、すでにパチョーリの簿記論の第1章に見られる。**誰にも報告することを義務づけられていない個人の商人に、いかなる理由に基づいて立法者は商事勅令から現行商法典239条に至るまで、年度決算書の作成を規則として定めているのであろうか？**　期間計算を欠いた正規の簿記は、証明機能の充足のためにはそれで十分であろう[1]。

　年度決算書による時宜を得た商人の自己報告は、商人自身や債権者保護のために支払停止の回避を目的としている[2]。

※サヴァリーは本書2を、パチョーリは本書1を参照。

---

[1] Leffson（1987）S.55.
[2] Leffson（1987）S.55f.

━━━━━━━━━━━ 解説 ━━━━━━━━━━━

　レフソンはドイツを代表する経営経済（会計）学者です。レフソンは、世界最初の国家的商法典であるフランス・ルイ14世商事王令の起草者であるサヴァリーや、世界で初めて複式簿記解説書を出版したルカ・パチョーリの見解を引き合いに出して、商法商業帳簿規定の本質的な目的が「経営者への自己報告による健全経営の遂行」にある、と主張しています。

クルーゼとの論争

　このレフソンの見解は、ドイツを代表する税法学者であるクルーゼの見解と真っ向から対立するものです。クルーゼはレフソンと同名の著書である『正規の簿記の諸原則』（Grundsätze ordnungsmäßiger Buchführung）で、「商法典の簿記規定は商業帳簿の証拠力に照準を当てている。もっとも、商人はまず第一に自己報告のために（Zu seiner eigenen Unterrichtung）商業帳簿の具備をする、ということがしばしば言われる。経営経済学的な視点から見れば、この言葉は確かに正しい。しかし簿記規定のこのような目的に関しては、商法典からは何も読みとれない。すべての簿記規定は立証という目的に沿うものであり、事業報告という目的に沿うものではない。それらの規定は、ただ商業帳簿の証明機能を強くするだけである[*1]」として、レフソンの主張に反論し、商法商業帳簿規定の本質的な目的は「帳簿の証拠力の定立」にあると主張しています。

両説の検討

　とはいえ、レフソンも、「正規の簿記（ordnungsmäßige Buchführung）を通じた証拠力ある証明資料の保全は意義を失わない。帳簿は課税と事態の判定に関しての基礎となり、それは帳簿を通じ証明されねばならず、又証明され得る[*2]」、「帳簿の形式的な証

拠力は、現代の法律においてはもはや与えられず、裁判官は提示された商人の商業帳簿あるいはその他の記録を民事訴訟法286条、415条ないし444条に準拠し、文書として自由に評価しなければならない[*3]」として「商業帳簿の証拠力」に言及しています。レフソンは、商業帳簿の証拠力を無視しているわけではありません。

　しかし、レフソンは「帳簿の形式的な証拠力は、現代の法律においてはもはや与えられず」として、商法商業帳簿規定における「証拠力の定立」機能を軽く扱い（？）、かつ、租税法における簿記の証拠力（国税通則法158条）の規定を完全に無視しています。

　ここに両者の思考の違いがあります。ライヒ国税通則法208条（現行国税通則法158条）は、その条文の表題が「帳簿の証拠力」、「簿記の証拠力」であり、帳簿（簿記）が形式的に正規であれば、その帳簿（簿記）に強い証拠力（反証可能な法律上の推定）を認めるという規定です[*4]。

国税通則法第158条「簿記の証拠力」
　第140条から第148条までの規定に合致する租税債務者の簿記および記録は、個々の場合の事情により、その実質的な真実性に異議を唱える原因がない限り課税の基礎とされる。

　税法学者のクルーゼがレフソンの見解に激怒（？）した理由はここにあったと思われます。このことは、クルーゼの「それは（商業会計制度に関する論究のこと＝坂本注）、たいてい商法38条から44b条、47b条を巡るものであり、45条から47条までは商業帳簿の証拠力に関するものであるにも拘わらず一般に留意されていない。ライヒ国税通則法208条（現行国税通則法158条と同じ内容＝坂本注）に類似する規定は、商業の会計制度に関する論究が多いにもかかわらず、見る影もないような存在である[*5]」という見解からも明らかでしょう。ドイツに限らず、会計学者が「簿記の証拠力」や「税法の規定」を無視する傾向は、わが国においてもみられます。

商法商業帳簿規定の本質的な目的

　両博士の論争を突き詰めれば、問題の所在は、商法の商業帳簿規定が商業帳簿の「証拠力の定立」のためだけに存在するのか、それとも、それに「経営者への自己報告」目的が加わるのかということにあります。

　この問題を解きほぐすためには、商法の商業帳簿規定生成の歴史を辿る必要があるでしょう。1673年フランス・ルイ14世商事王令、1839年ドイツ・ヴュルテンベルク王国の商法草案理由書、1849年ドイツ・帝国司法省商法草案理由書からも明らかなように、商法の商業帳簿規定の本質的な目的は2つあり、歴史的には「帳簿の証拠力の定立」に始まり、その後、「商人への自己報告による健全経営遂行」が加わっています。これら2つが商業帳簿規定の本質的な目的であり、それぞれが重要な機能を果たしています。

　ただし、クルーゼが言うように、「帳簿の証拠力の定立」は商法商業帳簿規定の重要な目的であるにもかかわらず、会計学が「帳簿の証拠力の定立」機能を軽視していることは、ゆゆしき問題といえます。

※ライヒ国税通則法208条、現行国税通則法158条は、「正規の簿記の証拠力」を規定しています。

ウルリッヒ・レフソン（Leffson, Ulrich　1911-1989年）
ドイツを代表する経営経済（会計）学者。フライブルクで経済学を学び、アドル・フランプとヴァルター・オイケンの下で博士号取得。1964年ヴェストファーレン・ヴィルヘルム大学の経営経済学・経済監査の正教授就任。ボーフム大学名誉博士。1987年に『正規の簿記の諸原則』（Die Grundsätze ordnungsmäßiger Buchführung）を出版した。同書の他、経済監査論も精力的に研究し、その書物はその分野の最初の主要な出版物の1つ。1985年の会計指令法制定によるドイツ会計法の改正に尽力した。教え子にベトゲ（Baetge）等がいる。

※1 Kruse（1978）S.200.
※2 Leffson（1987）S.49.
※3 Leffson（1987）S.49.
※4 坂本（2011）198-222頁を参照。
※5 Kruse（1978）S.199.

16

記帳義務及び貸借対照表作成義務は、まず第1に事業の自己報告に、さらにそれを越えて債権者保護に役立つとの思考がある。

クラウス・ティーデマン

ドイツを代表する
刑法学者

簿記・会計に関する金言

ティーデマン『破産法・刑法』[*1] (1985年) より

　記帳義務と貸借対照表作成義務の充足は、すべての正規の経済活動の基本条件であり、それらの義務の違背が、重大な経営上の影響を引き起こす誤った決定をもたらす危険を含んでいる。

　現代の経済においては正規の簿記（ordnungsgemäße Buchführung）は『すべての正規の経営の前提条件』であり、事業の状況の誤った評価は常に危険を伴うため、**記帳義務及び貸借対照表作成義務は、まず第1に事業の自己報告（Selbstinformation）に、さらにそれを越えて債権者保護（Gläubigerschutz）に役立つとの思考がある。**（傍点は坂本）

＊1 Tiedemann（1985）§283b Rdn.1.

========= 解説 =========

　ティーデマンは、刑法学、特に経済刑法領域において、ドイツを代表する最高峰の学者です。商法商業帳簿規定の目的が「自己報告による健全経営の遂行」にあると、刑法学の権威者によって主張されていることは注目に値します。「商業帳簿の重要性」に関して、このような論陣を張っているわが国の刑法学者を、筆者は寡聞にして知りません。

商法商業帳簿規定の本質的な目的再論

　繰り返しになりますが、ドイツ商法238条1項が規定する記帳・決算書作成義務は、刑法典の破産規定と密接な関係があります。つまり、「だらしない記帳は破産者の特徴である」という歴史を貫く経験則のもとで、商法の記帳・決算義務の履行を、刑法の罰則で威嚇しているのです。これは、1673年フランス・ルイ14世商事王令に端を発しています。

　商法の商業帳簿規定が求める「正規の簿記」は、経営者への自己報告（Selbstinformation）による健全経営の遂行を通じて、結果としては、過怠破産を防止し債権者の保護に役立ちます。債権者保護は、商法商業帳簿規定の第1次的な目的ではありません。商法商業帳簿規定の本質的な目的は、帳簿の証拠力の確立とともに、商人への自己報告を通じて健全な事業経営を遂行せしめることの2点にあり、破産防止による債権者保護は、商業帳簿規定にとって第2次的な目的なのです。

　それは、上記のティーデマン見解や、経営経済学者であるヤンセン（Janssen）の「会計報告は、商人の自己報告（Selbstinformation）という責務にあるが、それは主に外部の受取人である第三者の保護に役立つ[*1]」とか、レフソンの「年度決算書による時宜を得た商人の自己報告（Selbstinformation）は、商人自身や債権者保護のために支払停止の回避を目的としている[*2]」との見解からも明らかでしょう[*3]。

「自己報告による健全経営」と「正規の簿記」概念

それでは、ティーデマンが用いた「正規の簿記」概念とはどのようなものでしょうか。商業帳簿の本質的な目的の1つである「商人への自己報告による健全経営の遂行」に基づく記帳義務に違背しても、商法上は処罰規定が存在しないため（「重要な法律効果」を生じさせないため）、ドイツにおける諸文献においても、その概念に関する記述が明確に行われていません。

私見では、「自己報告による健全経営遂行」に係る「正規の簿記」の中味、換言すれば「法の目的に応じた、法規範の組み立て」は以下のような内容です。

(1)「財産状態の全容」の取得

まず、「財産状態の全容」を得ることができるか否か、との基準は、1794年プロシア一般国法から現行刑法典に至るまで、記帳義務違反ないし貸借対照表作成義務違反を問う重要なメルクマールとなっています（表参照）[*4]。

表　記帳義務違反ないし貸借対照表作成義務違反を問う重要なメルクマール

法　　律	内　　　容
1794年プロシア一般国法	自らの財産の状況を不明瞭ならしめる記帳
1807年フランス商法	「無秩序」な記帳
1851年プロシア刑法典	財産状態の全容を得ることができないほど「無秩序」な記帳
1871年ライヒ刑法典	財産状態の全容を得ることができないほど「無秩序」な記帳
1877年破産法	財産状態の全容を得ることができないほど「無秩序」な記帳
1976年改正刑法典	財産状態の全容の把握を困難にするような記帳

資料出所：坂本作成

(2) 商人及び専門的知識を有する第三者への全容提供可能性

次に、「財産状態の全容」の取得の水準が問題となりますが、1985年の会計指令法による商法改正によってその水準が明確化されています。それが、「一目瞭然性（専門的知識を有する第三者への全容提供可能性）の原則」（商法238条1項2文）です。

この原則は、会社法・破産法・商法・税法・刑法典・諸判決の領域において生成・発展して具体化され、成文化された、「簿記の形

式的な正規性」に関する一般的で決定的な原則です。

　ここで留意すべきことは、「一目瞭然性の原則」は、「専門的知識を有する第三者」だけではなく、歴史的には「被告人自身」・「商人」・「租税義務者」もその対象であったことです（ドイツ帝国裁判所は本書8を参照）。

　しかし、今日では、自己報告（Selbstinformation）という観点に基づく解説は、本家本元の商法関連の文献ではそれほど行われておらず、経営経済学の文献（例えばレフソン）、刑法典の文献（たとえばティーデマン）において行われています。おそらくそれは、立証及び自己報告を主な目的としていた商法の商業帳簿が、責任資本の維持の手段、会計報告義務、記帳及び年度決算書の監査、公開義務、投資家等への情報提供機能も加わって多目的化しているからではないかと思われます。商法という枠を飛び越えて考察しないと、商法商業帳簿規定の本質的な目的をつかむことができないのです。

　なお、Selbstinformation は直訳すれば「自己情報」となりますが、「自己報告」の方が、よりその本質に近いと思われるため、本書では敢えて「自己報告」との訳を用いました。

クラウス・ティーデマン（Tiedemann, Klaus　1938-2018年）
ドイツの法学者（経済刑法）。1938-2018年。法学博士（ミュンスター大学）、1963年テュービンゲン大学助手、1968年同大学大学教授資格取得、ギーセン大学正教授（経済刑法）、1972-1973年マインツ・キール・ゲッティンゲン・フライブルク大学正教授（経済刑法）、1973-2003年フライブルク大学にて、刑法・刑事訴訟法・刑事犯罪学講座担当。世界的に有名な6つの大学から名誉博士号を授与される。アンカラ大学（トルコ）・エール大学・スタンフォード大学（米国）・早稲田大学等客員教授。著書として Konkurs-Strafrecht（『破産法・刑法』）等がある。

＊1 Janssen（2009）S.91.
＊2 Leffson（1987）S.55f.
＊3 田中耕太郎博士も、「要するに貸借對照表を定期に作成することは良心的な通常の商人が法律の命令を俟たずしても爲すべき所のものである。其れは慣行上商人の職業的任務に所謂するものと云はねばならない」、「法は貸借對照表の作成方法に關し規定を設けてはゐるものの、不作成の場合に之を強制し又之に對し制裁を加ふる手段を缺いて居り、その法規は所謂不完全法規の性質を帯びてゐる。是れ個人の企業に於ては多數の者の利害關係が輻輳することなく、貸借對照表の機能は上述の商人の企業維持の利害以外に逸脱してゐないからである（傍点は筆者）」（田中（1944）、118頁）とする。
＊4 なお、法解釈に関して、「財産状態の全容の把握を得ることができないほどに無秩序」（1877年破産法等）と「財産状態の全容を困難にするような」（1976年改正刑法典）との間に基本的な差異はないと考えられる。

17

いまなお、普遍性を持ったまぎれもない
「マネジメント科学」と呼べるものは、
複式簿記とそこから派生した手法だけである。

ピーター・ドラッカー

マネジメント概念を生み出した、
20世紀を代表する経営学者

簿記・会計に関する金言

ドラッカー『マネジメント』*¹ (1993年) より

　世界で最初のマネジメント学者は、ルネサンス時代の夜明けに複式簿記を考え出した、名前すらとうの昔に忘れ去られたイタリア人である。以後に考案されたマネジメント・ツールはどれひとつとして、複式簿記のシンプルさ、正確さ、実用性に太刀打ちできない。**いまなお、普遍性を持ったまぎれもない「マネジメント科学」と呼べるものは、複式簿記と、そこから派生した手法だけである。**あらゆる業界、あらゆる組織において毎日欠かさず用いられる体系的なルールは、これをおいてほかにない。ところが、これまで誰も、複式簿記をマネジメント科学と呼んでいない。

簿記・会計に関する金言

ドラッカー『現代の経営』(1954年) *² より

　要するに、経理の数字は、税務署、銀行家、証券アナリストのためのものではなく、マネジメント上のニーズに焦点を合わせたものにする必要がある。

＊1 Drucker（1993）p.506. 有賀（2008）313頁。
＊2 Drucker（1954）p.72. 上田（2006）98頁。

―――――――― 解説 ――――――――

　ドラッカー博士は、「マネジメント（Management）」概念を生み出した、現代を代表する経営学者です。博士は「マネジメントの役割は、人が共同して成果をあげることを可能にし、強みを発揮させ、弱みを無意味なものにすることである[*1]」と言っています。

マネジメント科学である複式簿記の活用

　ドラッカーは、複式簿記こそが最高のマネジメント科学であるとし、これまで複式簿記をマネジメント科学として扱った者はいない、と断じています。すでに紹介したように、すでにゲーテ、ゾンバルト、ウェーバーも同様のことを言っていました。しかし、マネジメント科学という概念が生まれたのは第二次世界大戦後のことであり、その意味において、「複式簿記こそが最高のマネジメント科学である」と論じたのはドラッカーが初めて、ということになるのでしょう。

経営者が複式簿記に求めるべきこと

　経営者はまず、マネジメント科学が何をしようとしているか、何をすべきか、理解する必要があります。次に、そこからどのような貢献が期待できそうか、見極めなくてはなりません。しかし、これまでのところほとんどの経営者は、マネジメント科学の成果を自分たちの仕事に活かしていません。これらのツールを仕事の効果を高めるために使いこなせていないのです[*2]。

　経営者がマネジメント科学に求めるべきことは、次の4つです[*3]。

(1) 仮説を検証すること

　複式簿記の成果を実地に活かすためには、経営者の側で、どの分野で基本的な仮説を立てて検証すべきかを、じっくり考える必要があります[*4]。

(2) どのような問いを抱くべきかを見極めること

　　経営者達が正しい問いを投げかけていないにもかかわらず、職業会計人に答えを導き出すよう求めているのが、経営者たちの実情です[*5]。

(3) 解決策ではなく選択肢を示すこと

　　経営者は通常、最善の解決策を示すことを複式簿記に期待しています。しかし、複式簿記は本来、いくつかの選択肢を示すというかたちで経営者に貢献すべきものです[*6]。

(4) 体系化ではなく理解の醸成に力を入れること

　　経営判断は経営者の仕事です。経営者は、職業会計人に対し、問題意識の誤りを指摘し、本当に探求すべき問題が何であるのかを教えてくれることを、期待すべきです[*7]。

　これらの4点はいずれも「複式簿記は計算手法ではなくマネジメント科学である」という前提に基づいています。「診断の手助けをすることが目的だ」と言い換えてもいいでしょう。つまり複式簿記は、処方箋、ましてや魔法の丸薬ではなく、洞察なのです。そしてこの4点を実現するためには、経営者が複式簿記に責任を負う必要があります[*8]。

　複式簿記の可能性を引き出し、成果へとつなげるのは、経営者の役目です。この役目を果たすためには、複式簿記とは何か、何ができるのかを、理解しなければなりません。複式簿記の由来や歴史にもとづく避けがたい限界についても、かなり心得ておく必要があります。そして何より、複式簿記は経営者のツールであって、マネジメント学者のツールではない、という点を肝に銘じておく必要があります[*9]。

マネジメント学者である職業会計人の活用

　マネジメントにおけるマネジメント科学の位置づけと併せて、経営者は、マネジメント学者を有効に活用しなければなりません。現代におけるマネジメント学者の最たる者は簿記・会計の専門家である職業会計人でしょう（わが国では税理士や公認会計士）。複式簿

記というマネジメント科学を実務上の課題に応用し、成果を引き出すことができるかどうか、そしてその場合に、マネジメント学者である職業会計人をどのように活用するかは、すべて経営者の肩にかかっているのです。

「事実（内容）」の正確な描写の必要性

　ゾンバルトも指摘しているように、複式簿記は「複雑な事実」をシンプルに「写像」する知見です。ドラッカーも、「経営者のあいだでは、よりよいツールの必要性は広く認識されている。直観だけをもとに判断を下すのは、完全な誤りにはつながらないまでも危険だということが、これまでの苦い経験から痛感されたのだ。経験豊かな経営者の大半は『複雑な仕組みは直感とは逆の動きを占める』、『一見もっともらしい考えは本当は誤っている』とかなり以前から気づいている。…。市場も、テクノロジーも、ビジネスも、実に複雑な仕組みのうえに成りたっている[10]」と言っています。

　そのうえで、複式簿記によって導き出された「会計の数値」は、事業を運営するマネジメントのニーズに合わせたものにする必要があります。複式簿記は、計算手法ではなくマネジメント科学なのです。

ピーター・ファーディナンド・ドラッカー（Drucker, Peter Ferdinand　1909-2005年）
オーストリア・ウィーン生まれのユダヤ系オーストリア人。20世紀を代表する、洞察力のある経営学者。第2次大戦前のドラッカーは、The End of Economic Man（『経済人の終わり』）に代表されるように、産業文明への鋭い分析力を示し、文明批評的な視点の業績をつくっていた。しかし戦後、アメリカの大企業へのコンサルティングをつうじて経営学の分野に進出し、クレアモント大学などでも教えながら、きわめて多くの刺激的な著作を生み出してきた。1954年の The Practice of Management（『現代の経営』）は、その代表的なものである。日本では、彼のほとんどの著作が翻訳されており、信奉者はきわめて多い[11]。

＊1 Drucker（2004）p.47、上田（2005）47頁。　＊2 Drucker（1993）P.507、有賀（2008）315頁を参照。
＊3 Drucker（1993）p.516、有賀（2008）334-335頁を参照。
＊4 Drucker（1993）p.514、有賀（2008）331頁。　＊5 Drucker（1993）p.514、有賀（2008）331頁。
＊6 Drucker（1993）p.515、有賀（2008）332頁。　＊7 Drucker（1993）p.515、有賀（2008）334頁。
＊8 Drucker（1993）p.516、有賀（2008）335頁。　＊9 Drucker（1993）p.516、有賀（2008）336頁。
＊10 Drucker（1993）p.507、有賀（2008）315-316頁。　＊11 伊東（2004）592頁を参照。

18
萬の事に付て、帳面そこそこにして
算用細かにせぬ人、身を過るといふ事
ひとりもなし。

井原 西鶴

江戸時代の大坂の浮世草子
人形浄瑠璃作者、俳諧師

簿記・会計に関する金言

井原西鶴『西鶴織留』(1694年) 所収「只(ただ) は見せぬ佛の箱」[1] より

丹後の国切戸の文殊堂に、金堤童子という脇立ちの仏像がある。これを開帳する時は、銭百文ずつに極めて置いて、諸人に拝ませた。この童子は知恵の箱というものを抱いてたっておられる。愚かな参拝の人々は、これを拝むと、仏の知恵が授かるように思っていた。だがその身の生まれつきの思慮のないのは、文殊菩薩でもどうにもならないことである。智恵の箱と名づけて見せられるのは、実は諸商人のその家々の帳箱になぞらえたものだ。年中収支の勘定を油断なく注意せよという見せしめなのだ。**万事につけて、帳面を大ざっぱにつけ、勘定を細かにしない者が、無事に世渡りするのは一人もいない**（年中請払ひをゆだんなくこころに掛けよ **萬の事に付て、帳面そこそこにして算用細かにせぬ人、身を過るといふ事ひとりもなし**）。必ず自堕落者のくせに、「人間は百年の栄華を望むことは到底できない。人生わずか50年のはかない浮世で、子孫のことまで心配しておくのは、愚かな人間の心である。自分のみに仕合わせさえ授かっておれば、安楽に世渡りができるものだ。たとえ親から財宝を譲り受けても、運がなければ貧乏人となることだ」と、その場しのぎに一日暮らしをする。こんな心得違いの親は、それ相応の借金を子供に負わせるものだ。

＊1 現代語訳は麻生／富士（2003）151-152頁を参照。

解説

『西鶴織留』は、西鶴死没の翌年、元禄7（1694）年の3月に、西鶴の遺稿を基に大本6巻6冊の体裁で公刊されました。『日本永代蔵』『世間胸算用』とともに町人物に属します。「町人物」とは、江戸時代の浮世草子の中で、主として当時の町人の経済生活を描いたものです。

当時の経験則

『日本永代蔵』は、各巻5章、6巻30章の短編からなり、金持ちはいかにして金持ちになったかを、町民の生活の心得を飾らずに描いた内容になっています。

一例を挙げれば、「舟人馬方 鎧 屋の庭」という話は、「北国では大雪が降るため、半年ほど何もしないで煎じ茶を飲んで日を過ごす。坂田の町に鎧屋という大問屋があった。昔は小さな宿屋であったが、才覚があったので、近年次第に家が栄え、今では惣左衛門という名を知らない者はいないほど有名である。屋敷に家蔵を建て、台所のありさまは、めざましく活気にあふれている。米味噌の係り、魚の係り、料理人、菓子の係り、煙草の係り、茶の間の係りなどを定めている。また、商いの手代、支払の係り、記帳の係り、漆塗りの食器部屋の係りなど、諸事を1人に1役担当させ万事うまく処理させている[*1]」というものです。

町人物は、当時の商人・民衆の経済生活の描写であり、『永代蔵』での西鶴の経済情勢に対する認識は正確であるとされています。経済都市大阪の中で、寛文期以後の大阪の高度成長とそのかげりが現れ始めている貞享期の現状を見続けてきた元商人西鶴は、その経済状況を種々の側面から把握し描き挙げました[*2]。

こうした前提で、『西鶴織留』、それと同時代に書かれた『日本永代蔵』と併せて読み取れば、西鶴は、「事業の成功者（鋭い商人）

は正確に帳簿を記帳しており、帳簿をいい加減にしている商人は誰1人として成功しない」という当時の商人間に伝わる経験則を記述した、と結論づけられます。これは、ルカ・パチョーリが1494年の『スムマ』で述べた「秩序のないところではすべては混乱に陥る」、ドイツのヴュルテンベルク王国の1839年商法草案が言及した「だらしない記帳は破産者の特徴である」という経験則とも一致します。

国・地方公共団体の会計

　日本の政府会計は未だに複式簿記を採用していません。アレックス・カーは「正しい情報の重要性とは、コモンセンスであり、日本人は伝統的に現実より理想を重んじてきたとはいえ、江戸時代の鋭い商人は、正確に帳簿をつける意味をよく理解していた。西鶴はこう書いている。『万の事に付てそこそこにして算用こまかにせぬ人、立身出世するといふ事ひとりもなし』。事実を軽んじる官僚の態度は古い社会観念というものよりも、ある意味でまったく新しいことである。伝統文化のある一面だけを極端に推し進めたと言える。官僚が事実を無視しても困らないという仕組みは、きわめて単純な原因から生まれたのかもしれない。西鶴の時代には、ずさんな経理をすれば商人はすぐトラブルに巻き込まれた。だが今日の日本では、官僚は無制限の予算を持ち、国民に対する説明義務もなく、何十年でも失敗を隠し通すことができる[*3]」と述べています。

　国および地方公共団体は自らの会計に複式簿記を採用すべきでしょう。複式簿記には、「自己報告による健全経営遂行機能」があります。国会議員諸侯、官僚諸氏は、「商人の取引において、記録についての正しい秩序がなければ自らを統制することは、およそ不可能だからである。そして、彼らの心は、常に休まらず大なる苦悩の中におかれることになるからである」（『スムマ』、1494年）と喝破したルカ・パチョーリの言葉をかみしめる必要があります。

「適時の記帳」と「経営状況の適時の把握」

　「年中収支の勘定を油断なく注意せよ」（年中請払いをゆだんなくこころ掛けよ）とは、日々帳簿を記入して、事業の収支状況を常時把握しなさいということです。江戸時代の帳簿は複式簿記ではなく、大福帳を中心とした単式の簿記ですが、単式・複式という差はあったとしても、「適時の記帳」とそれに基づく「自社の経営状況の適時の把握」の重要性は変わりません。「勘定を細かにしない者が、無事に世渡りするのは1人もいない」という経験則、原理原則は、四百数十年たった現在でも新鮮です。

井原 西鶴（いはら・さいかく　1642-1693年〈寛永19-元禄6年〉）

江戸時代の大坂の浮世草子・人形浄瑠璃作者、俳諧師。別号は鶴永、二万翁、西鵬。15歳頃から当時流行の俳諧に学びつつ、同時に商人としての修業を続ける。初号である鶴永が文芸の世界に登場するのは25歳の時。32歳の時大規模な万句興業を主催し、『生玉万句』として刊行する。1682年に『好色一代男』を出版し好評を得、その後様々なジャンルの作品を出版。 代表作はその他に『好色五人女』『日本永代蔵』『世間胸算用』など*4。

＊1 原文は村田（1977）73-75頁を参照。
＊2 谷森／吉行（1991）78頁。
＊3 アレックス・カー（2002）126-127頁。
＊4 谷森／吉行（1991）を参照。

19

商売に一大緊要なるは、
平日の帳合を精密にして、
棚卸の期を誤らざるの一事なり。

福澤諭吉
（ふくざわ ゆきち）

わが国で最初に出版された複式簿記解説書
の著者、幕末明治の啓蒙思想家

簿記・会計に関する金言

福澤諭吉『帳合之法』（1873年）「初編の序文」*¹ より

　第一。古来日本国中に於て、学者は必ず貧乏なり。金持は必ず無学なり。故に学者の議論は高くして口にはよく天下を治ると云えども一身の借金をば払うことを知らず。金持の金は沢山にして或いはこれを瓶（かめ）に納（いれ）て地に埋ることあれども、天下の経済を学て商売の法を遠大にすることを知らず。けだし其由縁を尋るに学者は自から高ぶりて以為らく（おもへらく）、商賣は士君子の業に非らざると、金持は自ら賤しめて以為らく、商賣に学問は不用なりとて知るべきを知らず、学ぶべきを学ばずして遂に此弊に陥るなり。何れも皆商賣を軽蔑してこれを学問と思はざりし罪と云うべし。今此学者と此金持とをして此帳合之法を学ばしめなば、始て西洋実学の実たる所以を知り、学者も自から自身の愚なるに驚き、金持も自から自身の賤しからざるを悟り、相共に実学に勉強して学者も金持と為り金持も学者と為りて、天下の経済更に一面目を改め、全国の力を増すに至らん乎。訳者の願う所なり。

簿記・会計に関する金言

福澤諭吉『学問のすすめ』（1875年）「第14編」*² より

　凡そ商売において最初より損亡を企つる者あるべからず。先ず自分の才力と元金とを顧み、世間の景気を察して事を始め、千状万態の変に応じて或いは中たり或いは外れ、この仕入に損を蒙りかの売捌に益を取

り、1年または1箇月の終りに総勘定をなすときは、或いは見込みの通りに行われたることもあり、或いは大いに相違したることもあり、また或いは売買繁劇の際にこの品につきては必ず益あることなりと思いしものも、棚卸に出来たる損益平均の表を見れば案に相違して損亡なることあり、或いは仕入のときは品物不足と思いしものも、棚卸のときに残品を見れば、売捌に案外の時日を費やしてその仕入却って多きに過ぎたるものもあり。故に**商売に一大緊要なるは、平日の帳合を精密にして、棚卸の期を誤らざるの一事なり。**

＊1 福澤（1873）。『帳合之法』は和綴りの木版本である。武田隆二博士が日本簿記学会の会長を務められた年に、当時と同様の装丁を施した復刻版が出版配布されている。
＊2 福澤（1875）138-139頁。

<hr>

解説

『帳合之法』は名実ともに日本で最初に出版された西洋式簿記書です。「帳合」とは「複式簿記」を意味します。明治6（1873）年6月に、明治7（1874）年に慶應義塾出版局から出版されています。原書はアメリカの"Bryant & Stratton's Common School Book-keeping"ですが、福澤翁は、「余が訳書中、最も面倒にして最も筆を労したるものは帳合之法なり。商家の必用欠くべからざるものなりと云ふ。（中略＝坂本）。余が生来の境遇、日本流の大福帳さえ一見したることはなけれども、今この原書を翻訳すれば大福帳の法に優ること万々なりと深く自から信じ、直に翻訳に着手して＊1」としており、邦訳には相当の苦労をしたようです。

「学問」とは何か

「天は人の上に人を造らず、人の下に人を造らず」（初編）、「一身独立して一国独立す」（第3編）など、現在でも通じる普遍の原理原則を説いた『学問のすすめ』が学問一般を対象としたのに対して、

『帳合之法』では「帳合学」（現在の簿記学・会計学）の見地から「実学たる帳合学」の必要性を説いています。すなわち『帳合之法』は『学問のすすめ』と対の関係にあります。

江戸時代の学問と言えば、士族による漢学や国学でした。福澤翁は「商賣は士君子の業に非らざる」という徳川幕政下の学問観を批判し、「和漢古今の空学者流が人を愚にせし罪は深と雖ども、此一書の願力に由て其罪業を消滅し、農工商三界の万霊に開拓の功徳を施すを得ん乎[*2]」と言っています。帳合学（現在の簿記学・会計学）は立派な学問であることを主張するとともに、「学者は必ず貧乏なり」として、士農工商の身分のうち、士だけが学問を身につける従来の社会制度を否定し、「農工商の職業そのもののなかに、学問の根が実在する証拠を指示しようとした[*3]」のです。

福澤翁は「金持は必ず無学なり」と喝破しています。今時「金持は無学だ」などと言うと語弊がありますが、これを現代流に「実践派の経営者はえてして学問的知識、特に簿記・会計学を軽視しがちである」と読み替えれば、なるほどと納得する向きも多いでしょう。

「日々の記帳」と「経営状況の適時の把握」

先に掲げた『帳合之法』の一節はよく引用されますが、筆者が改めて『学問のすすめ』を精査したところ、『帳合之法』刊行の2年後、明治8（1875）年3月に発刊された『学問のすすめ』の第14編にも「簿記」に関する記述があることを発見（？）しました。

該当箇所を現代語で紹介すれば、「商売を最初から損をするつもりで始める者はいない。自分の才能と資金を考え、世間の景気を判断して事を始め、情勢の変化によって損をしたり、儲けたりする。月末決算や年度末決算をしてみて見込みどおりいけばよいが、そうでないときもある。景気がよいからといって、あるいは儲かっていると思っても、棚卸しのときの損益計算書を見ると、案に相違して損失だったりすることもある。仕入れの商品が在庫となって後悔することもある。要するに、商売でも最も大切なことは、日々の記帳を正確にして、定期的に棚卸しを行い、損得勘定をつねにしていることである[*4]」というものです。これは経営における「日々の記帳」

と「適時の決算」（例えば、月次決算）の必要性を説いたものです。

複式簿記で日本を強くする

　明治維新（1868年）当時、欧米では、すでに産業革命を完了していたイギリスをはじめ、各国は資本主義経済を確立していました。明治政府は欧米列強に追いつくべく、廃藩置県（1871年）による中央集権化、秩禄処分（1876年）による士農工商制度の解体、地租改正（1873年）による政府収入の確保、内務省設置（1873年）による殖産興業政策の推進等多岐にわたる政策を採用しました。

　『帳合之法』初編が出版された明治6（1873）年当時は、まさにわが国の産業政策の黎明期です。福澤翁の「今此の金持とをして此帳合之法を学ばしめなば、…、学者も金持と為り、金持も学者と為りて、天下の経済更に一面目を改め、全国の力を増すに至らん乎」という主張は、「ビジネスには学問（いわゆる実学）の裏付けが不可欠であり、中でも会計（帳合）こそビジネスに最も役立つ学問である」と解釈できます。まさに「帳合（簿記・会計）で日本を強くする」という経済政策の提言です。黒澤清博士は、「もし日本の会計学史あるいは、簿記学史を書くとすれば、この1冊によって明治6年の意義を決定的に重からしめるに足るものがある[*5]」として本書を高く評価しています。

　商人（経営者）が実学たる「複式簿記」を身につけることによって個々の事業体の「経営」を強くする。結果として個々の事業体の総体である国民経済が強くなる。まさに「一身独立して一国独立す」です。『帳合之法』は、「会計で日本を強くする」というミクロ経済政策の必要性をわが国で説いた初めての書であると言っても過言ではありません。

福澤　諭吉（ふくざわ・ゆきち　1835-1901年）
幕末・明治の啓蒙思想家。中津藩大坂蔵屋敷に生れ、1858（安政5）年江戸中津藩屋敷に蘭学塾を開く。1868（慶應4）年慶應義塾と改称。幕府施設に随行してアメリカ・ヨーロッパ歴訪。著書『西洋事情』（1866年）、『学問のすすめ』（1872-76年）等。

---

*1 福澤（2009）483頁。　*2 福澤（1873）初編の序文。　*3 黒澤（1986）26-27頁。
*4 岬（2008）177-178頁。　*5 黒澤（1986）15頁。

20
商業帳簿の規定は、その国における
事業経営に確実で一般的な保護を与え、
資本の浪費を予防することが求められる。

ヘルマン・ロエスエル

わが国最初の商法典である
明治 23 年商法典の起草者

簿記・会計に関する金言

明治 23 年商法『商法草案理由書』[*1] **(1884 年) より**

　これらの規定（明治23年商法典の商業帳簿規定＝坂本注）は、主としてフランス法を手本とし、大多数の他の法典もこれに準拠している。この定則は商人の業務遂行の本質とその各商人資産の関係を言い尽くしている。それがほとんどすべての法典に採用されているという理由だけでなく、フランスの商業状況が、謹直さ、思慮深さ、堅固さによって傑出していることが実証されており、それが法典の効力に帰せられるからである。

　ドイツの言い回し（28条）は曖昧であり、かつその点では徹底されていない。それは商取引だけに及んでいるからである。それは商業帳簿の証拠力に特権を与えており、それはある程度正しいと認められるが、この言い回しは決して十分ではない。むしろ**商業帳簿の規定は、商業登記簿や商号の規定と同様に、その国における事業経営に確実で一般的な保護を与え、資本の浪費を予防することが求められる。**この点から立法に関して正規の簿記（ordentliche Buchführung）の欠くことのできない必要条件としてその要件を特別に提示し、それによって、商人をして法の目がこの点において常時商人に向けられ、時に臨んでこの責任を問われることを知らしめることにある。

＊1 Roesler,Hermann（1884）S.149、邦訳はロエスレル＝司法省訳（1884）を参考にした。

━━━━━━━━ 解説 ━━━━━━━━

　わが国の多くの商法文献では、日本商法の淵源は明治32年商法であるとされ、明治23（1890）年商法には焦点が当てられていません。しかし、明治23年商法の商業帳簿規定は明治32（1899）年6月16日に新商法が施行されるまでの間の約1年間施行されていました。佐藤孝一教授は、「商業帳簿に関する規定が、法律上における一般規定として確定されたのは、（中略＝坂本）明治32年の新商法からであると、商法学者の方々でさえも説明されているのを多く見受ける。（中略＝坂本）、旧商法において既に商業帳簿の規定が設けられている厳然たる事実があるにもかかわらず、このような説明がなされるのは、（中略＝坂本）、旧商法が全面的に実施されたのが、わずか1年足らずの期間であったということに関連しているのではないかと推察する。しかしそれは決して正しいとはいえないと思う*1」とされています。やはり、わが国最初の商法は明治23年商法であるとされるべきではないでしょうか。

明治23年商法31条
　明治23年商法の31条の規定は、以下のとおりです。
　各商人ハ其営業部類ノ慣例ニ従ヒ完全ナル商業帳簿ヲ備フルノ責アリ殊ニ帳簿ニ日日取扱ヒタル取引、他人トノ間ニ成立シタル自己ノ権利義務、受取リ又ハ引渡シタル商品、支払ヒ又ハ受取リタル金額ヲ整齊且明瞭ニ記入シ又月月其家事費用及商業費用ノ総額ヲ記入ス。小売ノ取引ハ現金売ト掛売トヲ問ワス逐一之ヲ記入スルコトヲ要セス日日ノ売上総額ノミヲ記入ス

　特に注目すべき点は、31条が「日々の記帳」と「連続性した記帳」を明文をもって規定していたことです。こうした厳しい規定が明治23年商法に存在していたことを指摘する研究は未だにないように思います。これは明治23年商法の存在が学問的に無視され続けて

きたことが原因でしょう。さらにロエスエルは31条の「整齊且明瞭」について以下のように解説しています。

　　記帳は整然（geordnet）、かつ、明瞭に（übersichtlich）行われなければならない。それは、単に時系列的にだけではなく、正規の簿記（ordentliche Buchführung）に特に結びついており、そのように商人は理解しなければならない。記帳は、きちんとしなければならず、明瞭に、かつ、それ自体あますところなく、注意深く、かつ、不変な体系的方法で、単一かつ同一の体系に従っていなければならない。それは、欠けてはならず、線を引いて消してはならず、変更してはならず、削除されてはならない。記帳は各紙葉に間断があってはならず、かつ空行があってはならない。明瞭性は、まず第1に、確実な記入欄、つまり同類のことを同じ配置に記帳する等によってももたらされる。

　ロエスエルによれば、「整齊且明瞭」とは、「線を引くことによる記載事項の抹消」・「変更」・「削除」・「空白」の禁止を意味しています。

　しかし、残念ながら、明治32（1899）年商法には、「日々の記帳」と「連続性した記帳」に関する規定は引き継がれていません。また、明治32年商法の25条には「整齊且明瞭」という用語を引き継いだ、「整然且明瞭」という記帳条件が規定されたのですが、残念なことにその意味内容は、「整齊且明瞭」に関してロエスエルが示した解釈が引き継がれませんでした。

だらしない記帳は破産者の特徴である

　第3編第9章「有罪破産」には、詐欺破産（1050条）と過怠破産（1051条）が規定されていました。1051条は以下の内容です。

　「破産宣告を受けた者が商業帳簿を秩序なく記載し隠匿し毀滅し又は全く記載せざるとき、又は32条に規定したる義務を履行せざるときは過怠破産の刑に処される」

　ちなみに、32条は財産目録および貸借対照表作成義務を規定しています。過怠破産罪に関するこの条項は、フランスやドイツの破産規定同様、自己報告による破産防止を目的とし、間接的に商業帳簿の記入義務を担保する機能を果たすべく提案されたと考えられます。

商業帳簿規定の本質的な目的

　前掲のロエスエルの「金言」から、明治23年商法の商業帳簿規定の本質的な目的が、その範となったフランスとドイツの商法と同様に、「商業帳簿の証拠力の定立」と「自己報告による健全経営の遂行」の2つにあったことが理解されます。問題は、1890（明治23）年当時における「商業帳簿規定の趣旨」が正確に承継されておらず、120年以上経った現在でも、経営者が帳簿を軽視する風潮があることです。まさに「故きを温ねて新しきを知る」べきです。

簿記の秩序性

　ロエスエルの解説では「正規の簿記」（ordentliche Buchfuhrung）として、各種の記帳条件に言及しています。明治23年商法の商業帳簿規定にも、ルカ・パチョーリ（1494年）以後引き継がれてきた「簿記の秩序性」が盛り込まれていたのです。

カール・フリードリヒ・ヘルマン・ロエスエル（Roesler, Karl Friedrich Hermann　1834-1894年）
　ドイツの法学者・経済学者。1878年、外務省の公法顧問として来日したが、一顧問にとどまらず、後に内閣顧問となり伊藤博文の信任を得て、大日本帝国憲法作成や商法草案作成の中心メンバーとして活躍した。彼の提出した「日本帝国憲法草案」のほとんどが受け入れられ、大日本帝国憲法となった。また、ロエスエルはドイツの商法（1861年ADHGB、破産法はフランスの法制度によっている）を基にした草案を1884年1月に完成させた。この草案を基にして1890年に成立したのが、旧商法と称される「明治23年商法」（明治23年法律32号）である。

＊1 佐藤（1970）17頁。

21

少しもごまかしのない、一厘一毛もごまかしてはならないという、原理原則が確立されなければ、本当の意味の我が国経済の再建は期待できない。

うえ の みちすけ
上野道輔

わが国の「企業会計原則」の立案者。
東京大学教授

簿記・会計に関する金言

上野道輔「我国経済再建における会計学の意義」（1949 年）

　正確にしてごまかしのない、いつわりのない数字が物を云うのであって、企業の経営から生ずる会計の一つ一つの数字が、正確なる記録として会計帳簿に記録される。そうしてその正確なる数字に基づいて決算報告書ができる。貸借対照表ができ、損益計算表ができる。そういう貸借対照表、損益計算表が少しのごまかしのない、正確な事実を、誰が読んでも分かるような形式でちゃんと示してくれる。こういうことになればその企業の経営の責任に当る者は、**その正確なる数字によって、自分の仕事を如何にすべきか、どういう点において改善すべきところがあるか、何処に費用を節約すべき点があるか、今後の経営政策をいかに立てて行くべきか、そういうことが極めて正確に明瞭に分る**わけである[*1]。

　又企業と関係を持つところの、例えば企業に対して資金を融通する金融業者、銀行などの見地からいえば、そういう企業の財政状態、営業成績を正確に示す貸借対照表、損益計算表という極めえ重寶な会計表が手に入れば、これによって正確に判断でき、何万円、何十万円、何百万円の金を貸しても、この会社は大丈夫である、こういうことが正確に判断できるわけであります[*2]。

　以上のような意味において、会計学が教える企業会計のやり方、そして会計学の原理原則として最も重要である真実性の原

則、少しもごまかしのない、一厘一毛もごまかしてはならないということは、言い換えれば、デモクラシーの世の中において国民一人一人が、自分が日本を背負っているわけである。（中略＝坂本）こういう原理原則が確立されなければ、本当の意味の我が国経済の再建は期待できないと信じるのであります[3]。

※上野教授は「損益計算書」ではなく「損益計算表」という表現を用いている。

---

[1] 上野（1949）4頁。　[2] 上野（1949）4頁。　[3] 上野（1949）5頁。

<hr>

解説

<hr>

上野道輔教授が提唱された「真実性の原則」とは

上野道輔教授は1948（昭和23）年5月15日、戦後初めて開催された日本会計研究学会の全国大会（開催校は中央大学）で、「我国経済再建における会計学の意義」と題する公開講演を行いました。講演で上野教授は、「真実性の原則」の神髄が「正確にしてごまかしのない、いつわりのない数字」、「正確なる記録として会計帳簿」にある旨を主張されました。

重要なことは、この発言が当時の記帳状況を「惨憺たる状況」としたシャウプ勧告（1949年）の前年にあったことです。

上野教授の「正確なる数字によって、自分の仕事を如何にすべきか……が極めて正確に明瞭に分かるわけである」とは、簿記・会計の本質的な目的である「自己報告による健全経営遂行機能」と同趣旨です。

現行の「真実性の原則」の内容

企業会計原則は長らくわが国の最高の会計規範とされてきました。その一般原則の第一原則である「真実性の原則」は「企業会計は、企業の財政状態および経営成績に関して真実な報告を提供する

ものでなければならない」という内容です。

　この原則は共通一般原則として（したがって、他の6個の個別一般原則の上位原則として）、企業会計の全般領域（測定・伝達のすべての領域）に対し包括的な共通課題を示したものであるとされています[*1]。「真実性の原則」は、中小企業向けの会計基準である「中小企業の会計に関する基本要領」（中小会計要領）においても基本原則として位置づけられています。

「真実性の原則」および「正規の簿記の原則」成立の経緯

　黒澤清教授によれば、現行の「真実性の原則」が成文化された経緯は以下のとおりです。

> 　企業会計制度対策調査会の第1回会議（1948（昭和23）年7月6日）の終了後、企業会計の一般原則の草案をつくることになった。そこで黒澤私案をいきなり会議に提出することは適当ではないと考えられたので、上野道輔会長および岩田巌（東京商科大学教授）第三部会長から、メモをあらかじめ提出してもらうことに決まった。「上野メモ」には、次の2行の文字が書かれてあった。
> 　第一　真実性の原則　　第二　正規の簿記の原則
> 　上野会長にしたがえば、この二つの命題が、会計にとって致命的に重要なものであった[*2]。

　こうして2つの会計思想（上野メモと岩田メモのこと＝筆者注）を体系的に結合して、文章的表現を与えたのが、黒澤メモにほかなりません。黒澤メモの最初の表現は会計一般原則を構成するところの五原則であり、その第1原則と第3原則は以下の通りでした[*3]。

第1原則 真実性の原則	企業会計は、企業の財政状態および経営成績に関して真実な報告を提供するものでなければならない。
第3原則 正規の簿記の原則	企業会計は、すべての取引につき、正規の簿記の原則に従って、正確な会計帳簿を作成しなければならない。

　その後の企業会計制度対策調査会の第2回会議（1948（昭和23）年12月2日）で、黒澤教授は「真実性の原則」について、「『真実の

報告』の真実というのはドイツ貸借対照表法上の『真実の原則』」
が意味している客観的な絶対的な真実性（Wahrheit）ではなく、
企業者の健全な意見と判断に基づいて作られた報告における客観的
な相対的な真実性を指しているのであります[4]」と報告しています。
この時点で当原則は「正確なる会計帳簿」（会計業務の入り口であ
る記帳）から「（相対的な）真実の報告」（会計業務の出口である財
務諸表）にその焦点が移ってしまいました。

「正確にしてごまかしのない、いつわりのない会計帳簿」

　こうした経緯の末、「真実性の原則」の文言は、「正確にしてごま
かしのない、いつわりのない会計帳簿」という上野教授の本意が伝
わりにくいものになってしまいました。

　しかしながら、企業会計原則は、「真実な報告」（「真実性の原則」）、
「正確な会計帳簿」（「正規の簿記の原則」）という言葉を用いていま
す。筆者は、これら2つの表現から、「正確にしてごまかしのない、
いつわりのない会計帳簿がもっとも重要である」という上野道輔教
授の会計哲学を読み取るべきだ、と考えています。

上野道輔（うえの・みちすけ　1888-1962年）
法学博士、学士院会員、東京大学名誉教授。1912年、東京帝国大学法科大学経済学
科を卒業後、英国を中心とする4年間の在外研究を経て1917年同大学助教授、
1919年教授となり、以後1948年定年退官まで東京大学経済学部において会計学関
係の諸講座を担当した。学外においては、1949年から1962年まで大蔵省企業会計
審議会（当初は経済安定本部企業会計制度対策調査会）の初代会長を務めたことが
特筆される。学内外におけるこれらの活動を通じて、わが国における会計学ならび
に企業会計制度の樹立・発展に大きな貢献をした[5]。

---

*1 武田（2008）104頁。　*2 黒澤（1979）98頁を参照。　*3 諸井（2006）11頁を参照。
*4 経済安定本部（1949）47頁。　*5 諸井（2007）42頁を参照。

22 毎月の財務計算と経営計算結果の吟味と弱点発見に時間をかけよ。

飯塚 毅
（いいづか たけし）

TKC全国会を創設し、巡回監査を
開発・普及させた不撓不屈の会計人

簿記・会計に関する金言

飯塚毅『会計人の原点』[*1]（1981年）より

毎月の財務計算と経営計算結果の吟味と弱点発見に時間をかけよ

　　たとえばTKCの会計人の関与先企業には、毎月会計事務所から『一覧式総勘定元帳』、その下にある『月例経営分析表』、『仕訳日記帳』、『レーダー・チャート』、『損益分岐図表』、『月例損益予算比較表』、あるいは『資金管理表』、こういう色々な帳表が供給されます。供給される場合に経営者は、「何だ、先月の純利益はいくらだ。ああ、そうか。ああ、後はわかった」、これでは困ります。そうではなくて、それを時間をかけて見てもらいたい。その数字には必ず自分の経営の弱点が顔を出してきます。自分の弱点はどれであるか、どこをどう直さなければならないか、ということについて、数字とにらめっこする時間をかなりもっていただきたいのです。そのことをなおざりにすると、これからの低成長時代の経営者としては生き残ることは難しいということです。

＊1 飯塚（1981）154頁。

━━━━━ 解説 ━━━━━

　飯塚毅博士は、会計事務所の経営者、（株）TKCの創設者、TKC全国会会長、比較税法学の研究者という多方面で一流の業績を残されています。

　飯塚毅博士の業績の1つとして、「巡回監査」（月次巡回監査と決算監査）、特に「月次巡回監査」業務を開発し、わが国の会計事務所業務に一大改革をもたらしたことがあげられます。この業務は、米国会計人が行う「往査（Field Audit）」から着想を得たものとされますが、監査手続の1つとして行われる「往査」（たとえば、棚卸資産の実査）とは異なり、会計人が関与先に毎月出向いて「全部監査」（「試査」ではない）を行うというものです。飯塚博士が開発した「巡回監査」業務は、シュンペーターがいうイノベーション（革新）といえるものであり、従来の会計事務所業務を一変させるものでした。

巡回監査の実践[*1]

　陸軍少尉の辞令を懐に、1945（昭和20）年9月18日、わが家にたどり着いた飯塚毅博士は、これからの進路を考え、思案の結果、会計人の道を選びました。数字は嘘をつかないだろうと考えたからです（数字が嘘をつかないというのは誤断だったと後に述懐）。1946（昭和21）年4月1日、計理士の登録を済ませ、鹿沼市に飯塚毅会計事務所を開設しました。飯塚所長は女子職員に手提金庫を預けると、今後自分は関与先からの金銭の授受は直接行わず、金庫にも一切さわらないと宣言しました。会計事務所も小なりとはいえ、1個の経営体である以上、所長たるもの清廉潔白でなければならないとの信念からでした。開業当時は、関与先は全くのゼロ、1947（昭和22）年秋、待望の関与先第1号として、資本金5万円、従業員2名のある木工所が事務所の大きな看板を見て飛び込んできました。開業以来1年が経過していた。月額顧問料3千円で契約。以後次第に関与先が増加しはじめました。

　業務のかたわら、英米独仏等の会計事務所経営の関連書籍を読破するうちに、会計事務所から企業に出向いて会計記録をチェックし、

取引の実在性等を検証する「巡回監査」という手法、さらに巡回監査業務の均質性を確保するために、チェックリストを有効活用することの2点を着想し、早速実行に移しました。巡回監査は毎月確実に、誠実に実行されました。飯塚毅会計事務所は着実に成長し、1960（昭和35）年当時には、鹿沼と東京の事務所をあわせて職員約40名、関与先約500件を数える規模にまで成長していました。

「業務の水準」として、「当事務所の業務は、法廷対抗力の具備をもって、その許容水準とする。この水準は、理想として理解されてはいけない。この水準は、現実の業務の最低条件であり、当事務所に於いて作成される一切の文書は、絶対無条件に、この水準に合致しなければならない」とし、「この水準を故意に逸脱及至破壊せんとした者は、職階及び職歴の如何を問わず、職務上の反逆者として取り扱われる」と厳しい姿勢で臨んでいます。飯塚毅会計事務所の職員の保持する身分証明書には、脱税指導などをした場合は、直ちに解雇されると明記されていました。このように飯塚毅会計事務所は、法令遵守に厳格な姿勢で臨む、きわめて法意識の高い会計事務所でした。

「発生主義による月次決算」を指導

飯塚博士は生涯を通じて数多くの講演をされていますが、経営者向けの講演の記録はそれほど残っていません。冒頭の引用は、1975（昭和50）年8月20日、東京・九段会館での講演を収めたものです。「経営者のモデル像」というテーマでの講演は次のような構成となっています。

> 第1要件「脚下照顧が初めである」
> 第2要件「経営方針を明確化し、創造性を導き出せ」
> 第3要件「人的、物的資源の組織化を図れ」
> 第4要件「経営の達成基準（成果基準、または許容基準）を明確化せよ」
> 第5要件「人事管理をおろそかにするな」
> 第6要件「経理は公開の方向に向かう、従って先取りせよ」
> 第7要件「目標貫徹力の旺盛、不動心の錬磨」
> 第8要件「経営主体が捨て身になれ」

「毎月の財務計算と経営計算結果の吟味と弱点発見に時間をかけ

よ」というからには、その前提として、「発生主義による月次決算」が「関与先側で行われていること」が必要になります。飯塚毅博士が開発し、巡回監査職員に使用せしめていた1949（昭和24）年当時の「巡廻監査報告書」には以下のチェック項目があります。これによれば、関与先によって売掛金・買掛金が正確に計上されていることが前提条件となっています。

> 売上・仕入・売掛・買掛・受手・支手・借入金・仮払金・仮受金・雑収入・雑費等について、いつでも明瞭なように、そして、起票漏れがないように、十分な注意を払った

　戦後、コロンビア大学の教授だったカール・シャウプ博士は、約4か月にわたり日本国内を視察し、1949（昭和24）年8月に「シャウプ勧告」を発表しています。この「シャウプ勧告」では、当時のわが国における記帳状況を「惨憺たる状況」としています。

　このように、1949（昭和24）年当時は、関与先企業側の記帳能力は乏しく、それゆえに、会計事務所が帳簿作成の相当部分を請け負う、いわゆる「会計事務所による丸抱え」全盛の時代でした。かかる状況下において、飯塚毅会計事務所では、関与先自らが「帳簿作成を行い、かつ発生主義による月次決算を行っていること」を前提とした巡回監査を実施していたのです。

　飯塚博士の、「発生主義による月次決算」に基づいて「毎月の財務計算と経営計算結果の吟味と弱点発見に時間をかけよ」という思考は、時代を貫く不変の経営原理です。

飯塚　毅（いいづか・たけし　1918-2004年）
法学博士、税理士、公認会計士。栃木県生まれ。1939年東北帝国大学入学、1943年に応召、1945年に復員。1946年飯塚毅会計事務所創業。欧米の会計書籍を渉猟し研究した結果、企業に赴き会計記録等の適法性、正確性等を検証し指導する「巡回監査」を開発。法律に準拠し不当な税務処分にはたびたび審査請求を行い当局の見解を覆す。ある日高級官吏の私怨を買い「飯塚事件」の当事者に。1970年11月に無罪判決（飯塚事件は『不撓不屈』<高杉良・新潮社>で小説化、映画化）。1966年（株）ＴＫＣ創設。1971年ＴＫＣ全国会結成（同時にTKC全国会会長就任）。1984年日本会計研究学会太田賞受賞（現太田・黒澤賞）。

＊1 飯塚毅博士：アーカイブ：飯塚毅会計事務所と巡回監査を参照。
http://dr.takeshi-iizuka.jp/firm/establishment-01.html

23 会計がわからなければ 真の経営者になれない。

稲盛 和夫
（いなもり かず お）

日本を代表する経営者。
京セラ名誉会長

簿記・会計に関する金言

稲盛和夫『稲盛和夫の実学 経営と会計』（2000 年）より

　私は 27 歳の時に京セラを創業し、ゼロから経営を学んでいく過程で、会計は「現代経営の中枢」をなすものであると考えるようになった。企業を長期的に発展させるためには、企業活動の実態が正確に把握されなければならないことに気づいたのである[1]。（まえがきより）

会計がわからなければ真の経営者になれない

　われわれを取り巻く世界は、一見複雑に見えるが、本来原理原則にもとづいた「シンプル」なものが投影されて複雑に映し出されているようなものでしかない。これは企業経営でも同じである。会計の分野では、複雑そうに見える会社経営の実態を数字によってきわめて単純に表現することによって、その本当の姿を映し出そうとしている[2]。

＊1 稲盛（2000）5 頁。
＊2 稲盛（2000）40 頁。

　稲盛和夫会長は、名実ともに現代日本を代表する経営者です。その著『稲盛和夫の実学 経営と会計』は、「会計本は売れない」という出版業界において、長期間ベストセラーとなっています。経営者としての実績に裏付けられた稲盛会長の言葉には相当の説得力があり、多くの中小企業経営者に「簿記・会計」の重要性を気づかせました。「会計がわからんで経営ができるか」というキャッチ・コピーも刺激的です。

簿記・会計に関する経営者の認識

　稲盛会長は「もし、中小企業から大企業に至るまで経営に携わる者が、常に公明正大で透明な経営をしようと努めていたなら、また、企業経営の原点である『会計の原則』を正しく理解していたなら、バブル経済とその後の不況も、これほどまでにはならなかったはずである。私にはそう思えてならない[*1]」とされ「経営者は、自社の経営の実態を正確に把握したうえで、的確な経営判断を下さなければならない[*2]」、「ところが日本では、それほど重要な会計というものが、経営者や経営幹部の方々から軽視されている。会計と言えば、事業をしていく過程で発生したお金やモノにまつわる伝票処理を行い、集計をする、後追いの仕事でしかないと考えているのである[*2]」と指摘されています。

　企業における会計に関して、「少なくとも会社であれば、毎日記帳して、月々の決算もやっているに違いない」という理解が一般的でしょうが、現実は、1月の業績を翌月2月中に「正確な月次決算数値」として把握している経営者は、260万社中2割に満たないと思われます。これが現実です。すべての事業体に共通するインフラである「簿記・会計」を経営のために有効に使っている経営者は意外なほど少ないのです。

目標に到達させるためのインジケーター

稲盛会長は、「会計の分野では、複雑そうに見える会社経営の実態を数字によってきわめて単純に表現することによって、その本当の姿を映し出そうとしている[*3]」、「これらの数字は、飛行機の操縦席にあるコックピットのメーター数値に匹敵するものであり、経営者をして目標にまで正しく到達させるためのインジケーターの役割を果たさなければならないからである[*4]」と主張されています。

そして、企業会計について『稲盛和夫の実学　経営と会計』を見ると、「本質追究の原則」、「キャッシュベース経営の原則」、「一対一対応の原則」、「筋肉質経営の原則」、「完璧主義の原則」、「ダブルチェックの原則」、「採算向上の原則」、「ガラス張り経営の原則」という8つの原則を考え方の基本としています。

いいときも悪いときもフェアであれ

同書には、京セラが始めて株式を上場する際に、決算書監査の必要から公認会計士（宮村久治氏）を紹介され、両人がはじめて会った時のエピソードが記されています[*5]。

「監査をしている会計士に、『このくらいは負けてくれよ、このくらいはいいではないか、堅いことをいうな』というようなことを言う経営者がいます。私はそういう方とは一切お付き合いをしたくありません。経営者はフェアでなければいけません。正しいことを正しくやれる経営者でなければ、私は監査の依頼をお受けしません。よろしいですか」（宮村）。私はすぐさま応じた。「結構です。私の生き方がそうなんですから。願ってもないことです」（稲盛）。すると、このような言葉が返ってきた。「みんなそう言うんです。今は会社の調子がいいから、そう言われるんです。経営がおかしくなって調子が悪くなってくると、何とかせいと必ず言うようになります。人間というのは、調子がいいときにはみんなフェアで、文句を言いません。ところが、悪いときにもフェアであるかどうか。それを私が見抜かなければいかんのです」（宮村）、「その点は約束しましょう。いいときにだけきれい事を言うんじゃなしに、悪いときでもあくまでフェアに。それを私は守っていきます。信用してください」（稲盛）。※カッコ書きは筆者挿入

　なんとも見事なやりとりです。公認会計士や税理士には「廉潔性（Integrity,Integrität）」という職業義務が課せられています。廉潔性とは、どのような場合であっても、独立性や公正性を保持し、利害関係者（クライアント、株主や金融機関など）とは一線を画して、専門家として誠実に職務を遂行することをいいます。職業会計人の社会的な評価はこの「廉潔性」に尽きると言っても過言ではありません。

　廉潔性は職業会計人にだけ求められるものではありません。経営者にも「いいときでも、悪いときでもあくまでフェアに」という誠実さが求められます。それが真に成功する経営者の基礎的条件です。職業会計人には、身体を張ってそうした経営者を作り上げていく気概も必要です。

経営状況の適時の把握

　「会計というものは、経営の結果を追いかけるためだけのものであってはならない。いかに正確な決算処理がなされたとしても、遅すぎては何の手も打てなくなる。会計データは現在の経営状態をシンプルにまたリアルタイムで伝えるものでなければ、経営者にとっては何の意味もないのである[6]」との指摘も重要です。まさに会社経営における「実学としての会計」の重要さを稲盛会長は説いています。

稲盛 和夫（いなもり・かずお　1932-2022年）
鹿児島大学工学部卒。京都の碍子メーカーである松風工業に就職。1959年4月、知人より出資を得て、資本金300万円で京都セラミック株式会社（現京セラ）を設立し、社長、会長、名誉会長を歴任。1984年第二電電企画株式会社を設立し会長に就任。2000年DDI（第二電電）、KDD、IDOの合併によりKDDI株式会社を設立。2010年経営破綻に陥った日本航空（JAL、現日本航空株式会社）の再生のため会長を無給で務めた。経営塾「盛和塾」の塾長として、経営者の育成に心血を注ぐ。

＊1 稲盛（2000）3頁。　＊2 稲盛（2000）4頁。　＊3 稲盛（2000）40頁。　＊4 稲盛（2000）5頁。
＊5 稲盛（2000）72-73頁。　＊6 稲盛（2000）41頁。

24 中小会計基準のもつ社会的意義は、中小企業経営者の意識改善に向けられている。

たけ だ りゅう じ
武田 隆二

「中小企業の属性」を重視した、世界初の
中小企業会計基準の制定に貢献した会計学者

簿記・会計に関する金言

武田隆二『中小会社の会計』[*1]（2003 年）より

中小会計基準のもつ社会的意義は、中小企業経営者の意識改善に向けられている。その積極的な意義は、中小企業の経営改善の足がかりをなす基準が誕生したということであり、そのことはまた、租税節約のために計算を軽視したり、記帳を意図的に欠落させるような行為がなってはならないことを、会計専門家として指導するための手がかりとなるべく利用されなければならない。そうすることで、中小企業の経営改善が達成される。確かな計算を帳簿で確保することが、中小企業のサバイバル（生き残り）にとって必要だということでもある。

簿記・会計に関する金言

武田隆二『簿記Ⅰ』[*2]（2008 年）より

企業は営利を目的として活動する。したがって、企業活動は、利益稼得という目的を達成するために営まれる経済活動であるといってよい。このような企業の経済活動の良否を判断するためには、一定の期間を区切って、その期間に生じた経済活動を振り返って反省する必要がある。また、その反省をもとにして、将来の活動の方針を立てる必要も生ずるはずである。このような意味での反省と将来の計画設定のためには、そこになんらかの基礎となる手段がなければならない。かかる手段を提供するものが簿記であるといってよい。

＊1 武田（2003）251 頁。　＊2 武田（2008）4 頁。

―――――――― 解説 ――――――――

　武田隆二博士は、会計学界において、神戸会計学派に属す武田会計理論（武田会計学）を構築したといわれています。

　武田博士の研究領域は広領域にわたっています。そのジャンルと代表的な著作を掲げれば以下のとおりです。

①ドイツ会計学・税務会計学（『貸借対照表資金論―ドイツ会計近代化論の展開―』『所得会計の理論』）

②簿記論（『簿記Ⅰ』『簿記Ⅱ』『簿記Ⅲ』『簿記』『簿記一般教程』）

③財務会計論（『最新財務諸表論』『会計学一般教程』『制度会計論』『会計』『財務会計の論点』）

④税務会計論（『法人税法精説』『税務会計』）

⑤連結会計論（『連結財務諸表』）

⑥情報会計論（『情報会計論』）

⑦中小企業会計論（『中小会社の会計―中小企業庁「中小企業の会計に関する研究会報告書」の解説』『新会社法と中小会社会計』『中小会社の会計指針』）

⑧中小企業監査論（『中小会社の計算公開と監査―各国制度と実践手法』）

　その中で、本書のテーマである「中小企業の会計」に焦点を絞れば、博士は、大企業（特に上場企業）に適用される会計基準（国際会計基準IAS・国際財務報告基準IFRSを含む）とは別の、中小企業の属性を重視した中小会社会計基準の設定の重要性を指摘され、その制度化に多大な貢献をされました。

中小企業庁「中小企業の会計に関する研究会」（平成14年）

　2002（平成14）年に、会計学者、商法学者、税理士、公認会計士、日本商工会議所、金融機関、中小企業団体等からなる委員・専門委員から構成される「中小企業の会計に関する研究会」（以下「研究会」という）が設置され精力的な審議が繰り返し行われました（委員として武田博士が、専門委員として筆者も参画）。

「研究会」では、「会計基準は1つであり、中小企業用の会計基準を新たに策定する必要はない」とする意見（多数意見）と、「中小企業の『属性』と大企業の『属性』とは異なる。それゆえに中小会社が独自性をもって経営改善に取り組む基盤として、中小企業会計基準が必要である」とする意見（少数意見）が激しく対立しました。

「会社属性」や「文化的風土」に応じた会計基準

　「研究会」において、武田博士は、後者の「中小企業会計基準が必要である」という立場を代表して論陣を張り、時に以下のような比喩的な説明を展開されました。

　「会計基準は1つでなければならない」と考えるのは、「洋服に身体を合わせなければならない」ということを求めていることに類似する。「洋服」が1着あり、大人も子供もそれに身体を合わせるべきだということは滑稽であろう。だがそれが、「洋服」を「会計基準」に置き換えて議論すると、専門的な議論になり、口角泡を飛ばして、真剣に議論されるというのもおかしな現象である。大人の世界においても同じであろう。国際会計基準が英米産であるなら、外国産の大きな洋服が与えられて、身体の大きさの異なる国々の人たちが、身体の大きな国の洋服に身体を無理に合わせなければならないというように置き換えると、これまた奇妙な議論となる。そこで、次のような提案となる。

　身体の大きさや衣服の仕様は、「国土的条件」や「文化の相違」によってさまざまである。したがって、国際会計基準が適用されるのは、「身体の大きな人」（大企業）であって、「文化的風土を同じくする人たち」（国際場裏において活動し、資金調達する公開企業）に対してであるというべきであろう。「会社属性」や「文化的風土」を共有するものが、共通の制度を保有するという体制が21世紀型の制度の行き方となると考える。

　したがって、会社属性が異なり、文化的制度を異にする中小会社については、大会社とは異なる基準をもって対応しなければならない。かかる認識を共有できる風土があることを理解することが、中小企業の今後の育成にとって必要なことである。

　激しい議論の末、大企業会計基準とは別の中小企業用の会計ルールの創設が同「研究会」において承認され、その後の審議を経て、2002（平成14）年6月28日に、世界初の中小企業会計基準である『中

小企業の会計に関する研究会報告書』がプレス発表されました。

　武田博士は、中小企業会計基準の本質的な機能が「中小企業経営者の意識改善に向けられている」と喝破されています。これは「商売をやってゆくのに、広い視野をあたえてくれるのは、複式簿記による整理（Ordnung）だ」（ゲーテ）、「秩序（複式簿記のこと＝坂本注）が経営感覚を鍛える」（ゾンバルト）、「商業帳簿を通じた、自己報告による健全経営の遂行」（商法商業帳簿規定の本質的な目的）という思考と軌を一にしています。

　武田隆二博士がリードされて策定された『中小企業の会計に関する研究会報告書』（2002年）は、その後、紆余曲折を経て2012年に「中小企業の会計に関する基本要領」（中小会計要領）として結実しました（中小会計要領は本書資料編Q4を参照）。

　「研究会」において、少数派の理論的支柱として終始議論をリードされ、わが国の中小企業会計基準の制度化に貢献された武田博士の功績は、永くわが国の会計史に刻まれることでしょう。

武田 隆二（たけだ・りゅうじ　1931-2009年）
会計学者。神戸大学教授・大阪学院大学教授・愛知工業大学客員教授。経営学博士（神戸大学）。大蔵省企業会計審議会幹事・臨時委員、中小企業庁「中小企業の会計に関する研究会」委員、日本学術会議会員、日本会計研究学会会長、日本簿記学会会長、TKC全国会会長・最高顧問、公認会計士試験旧第2次試験委員、税理士試験委員等を歴任。日経図書文化賞、日本会計研究学会太田賞受賞。

25

経営者にとって「変動損益計算書」は死活的に重要である。

飯塚真玄
（いいづか まさはる）

（株）TKC を世界一の会計センターに育て上げた経営者

簿	記	・
会	計	に
関	す	る
金	言	

『TKC 基本講座（第 4 版）』[*1]（2014 年）より

　社長の責任は、顧客への貢献を通して、会社の社会的責任を果たすこと。従業員の雇用を守り、税金を払い、自己資本を充実させ、会社の経営基盤を強化することです。

　そのために社長にとって最も重要なことは、本日現在の「変動損益計算書」を見ながら、次の5つについて、自問自答し、また経営幹部と真剣に協議して、会社が進むべき方向を意思決定することです。

1) 売上高を伸ばす努力をしているか？
2) 限界利益率は、前年よりも改善したか？
3) 固定費の伸びは、限界利益の伸び以下に抑えたか？
4) 労働分配率を抑えながら、1人当たりの人件費を高くしたか？
5) 期末までに目標の経常利益は達成できるか？

　このような試行を繰り返すことによって、社長と経営幹部に「会計で会社を強くする」という感覚が生まれ、会社をさらに発展させるための気付きとやる気が生まれてくるのである。

簿	記	・
会	計	に
関	す	る
金	言	

『TKC 基本講座（第 4 版）』[*2] より

　経営者にとって「変動損益計算書」は死活的に重要です。

　実際、私（飯塚真玄）自身の経験から、企業のトップが変動損益計算書の考え方に習熟することは、極めて重要であると思われます。私は株式会社TKCの社長を昭和58年から平成20年まで勤めました。その間の25年に

わたって、会社は売上高の増収と経常利益ベースでの増益を連続で実現しています。また、平成24年度の自己資本比率は単体ベースで78.9％に達しています。これまでの間、多額なIT投資を行い、従業員も1,000名以上増加しました。また競争の激化に伴う製品・サービスの値下げにも耐えながら、そうすることができたのです。そのような私の経験から、変動損益計算書を見ながら経営の感覚を養うことは、経営者にとって死活的に重要であると考えております。

＊1 飯塚（2014）286頁。
＊2 飯塚（2014）287頁。

解説

商業帳簿の本質的な目的

　すでに明らかにしたように、商法典の商業帳簿規定の本質的な目的は「経営者への自己報告を通じた健全経営の遂行」と「商業帳簿の証拠力の定立」の2つです。これら2つの目的をしっかりと実現した会計システムが、飯塚真玄TKC名誉会長が自ら開発したTKCの戦略財務情報システムであるFXシリーズです。

　FXシリーズは「経営者への自己報告を通じた健全経営の遂行」を強く意識したシステムであり、画面メニューにある「最新業績の問い合わせ」のボタンを押すと3秒以内に、変動損益計算による数値などの最新業績が表示される画面設定になっています。同時に部門別業績の優劣も即座に分かります。さらに、FXシリーズは、訂正または削除したデータの履歴が電子帳簿保存法に基づいてシステム内に「電磁的記録」として残るようになっています。

　従来の日本には（そして世界的にも）このような発想に立脚したシステムは皆無でした。それは、ドイツが誇る会計人専門の計算センターであるDATEVeG（ダーテフ登録済協同組合）がFXシリーズの卓越性を認め、飯塚名誉会長に会計システムの開発指導を仰いだことからも明らかでしょう。

　わが国は明治以来、ドイツから憲法、商法典や会計学などを学び続けてきました。筆者が提示した商法典の商業帳簿規定の本質的な目的もドイツから学んだものです。しかしここに至って、その本家本元であるドイツに、商業帳簿の本質的な目的を実現させた会計システムを提示するに至りました。これはまさに「歴史的快挙」です。

変動損益計算書の重要性

　健全な経営を遂行するために商業帳簿データの管理会計への応用は格別に重要です。稲盛和夫名誉会長やP.F.ドラッカー博士は以下のように言われています。

稲盛和夫名誉会長

　経営者がまさに自分で会社を経営しようとするなら、そのために必要な会計資料を経営に役立つようなものにしなければならない[1]。

P.F.ドラッカー博士

　要するに、経理の数字は、税務署、銀行家、証券アナリストのためのものではなく、マネジメント上のニーズに焦点を合わせたものにする必要がある[2]。

　経営者は、財務会計から導き出される会計数値を自分のニーズ（必要）に合わせたものに加工して活用すべきです。（株）TKCを世界最大級の会計処理センターに育て上げた飯塚名誉会長の損益分岐点の考え方を応用した「変動損益計算書」は死活的に重要である、という見解は、まさに至言と言ってよいでしょう。

「限界利益の増加」に会計の力を発揮していくべき―BAST優良企業の定義の変更―

　少子高齢化、急速な円安・インフレ傾向、燃料・食糧の高騰などを背景に、日本経済の急激な悪化・停滞が懸念されています。実際、日本の国内総生産（GDP）は縮小基調にあり、早期の回復、改善は喫緊の課題となっています。

　GDPは国内企業の限界利益の合計から成り立っています。限界利益とは売上から変動費を引いたものです。

　飯塚名誉会長は「1社1社の限界利益を高めることは一国のGDPを高めることにつながり、それが賃金の財源となって働く人たちへ還元される。こういう構造をしっかり捉え、これから先、限界利益の増加に、会計の力を発揮していくべき[*3]」と述べています。こうした考え方に基づき、飯塚名誉会長は2022年、TKC経営指標（BAST）の優良企業の定義を以下のように変更しました。

	2021（令和3）年版まで 2期連続黒字企業の中から、次の手順で抽出した企業	2022（令和4）年版から 以下の6条件をすべて満たす企業
1	総資本経常利益率が高い上位30%	自計化システム利用による月次決算の実施
2	自己資本比率が高い上位85%	書面添付の実践
3	1人当り加工高が高い上位85%	「中小会計要領」への準拠
4	流動比率が高い上位85%	限界利益額の2期連続増加
5	経常利益額が高い上位85%	自己資本比率が30%以上
6		税引き前当期純利益がプラス

　新たな優良企業の定義のポイントは「限界利益」と「自己資本比率」にあります。また、これまでの相対評価から絶対評価になることです。顧問する会計事務所の月次での経営助言がより重要となり、「会計で会社を強くする」を実践できる形にしたといえるでしょう。

※「TKC経営指標（BAST）」とは、TKCシステムを2年以上利用している中小・中堅企業（年商100億円以下）の経営成績と財務状態を分析し、収録したものです。

飯塚 真玄（いいづか・まさはる　1943年-）

株式会社TKC名誉会長。栃木県出身。早稲田大学商学部卒業後、同大学院商学研究科に進学するが、株式会社TKCを創業した父飯塚毅の要請を受けて同大学院を退学。創業間もない同社に入社し、資金難に陥った同社の資金繰りに奔走した。取締役、専務などを経て社長に就任。TKC会計システムの開発に没頭。同社を片田舎の中小企業から東証一部の国際企業に育て上げた。財団法人飯塚毅育英会理事長、栃木県経済同友会副代表幹事、宇都宮大学経営協議会委員・同大学客員教授などを歴任。主な著書に『中小企業の発展は戦略的な中期経営計画だ！』（共著、産能大学出版部、1993年）、『コンピュータ会計法概論』（共著、中央経済社、1998年）他がある。

＊1 稲盛（2000）42頁。
＊2 Drucker（1954）P.72. 上田（2006）98頁。
＊3 飯塚真玄（2022）18頁。

資料編

会計の基礎知識 Q&A

Q₁ 「簿記」と「会計」の違いがよくわかりません。
どこに違いがあるのでしょうか？

A₁ 「会計」には、「広義の会計」と「狭義の会計」があります。
「広義の会計」は、「簿記」と「狭義の会計」を含みます。例
えば、公認会計士試験では「財務会計論（簿記を含む）」とされており、
「会計」という用語を「簿記」を含む意味で用いています。本書の題名
に用いた「会計で会社を強くする」という場合も、「会計」を「簿記」を
含む広義の意味で用いています。

わが国では「簿記」と「会計」という2つの領域を異なるものとして
使い分けることもあります。ここでいう「会計」は「狭義の会計」です。
学問的には「簿記学」と「会計学」があり、前者には日本簿記学会、後者
には日本会計研究学会という学会があります。税理士試験の科目も
「簿記論」と「財務諸表論（会計学）」に区分されています。

これらの関係を図にすれば、図1のようになります。しかし、それで
もなお「簿記」と「狭義の会計」との境界線は曖昧なままです。以下、
武田隆二博士の見解に従ってこれら2つの概念を整理してみましょう。

図1 会計と簿記

■ **狭義の会計**

「簿記」と「狭義の会計」は扱う実体（認識対象）が会計事象（企
業の経済活動）であるという点で共通しています。それにもかかわ
らず、「簿記」と「（狭義の）会計」とを区分しなければならないのは、
結局、会計事象を扱う視点の差異にあると言っていいでしょう。こ
うした1つの実体を持つ会計事象を主に「形式（技術）」と「記録」

の側面から見れば「簿記」となり、「内容（理論）」と「機能」の側面から見れば「狭義の会計」となります。つまり、会計事象を４つの側面から観察することが可能であることを示しています[1]。

「簿記」　　　＝「形式（技術）」と「記録」

「狭義の会計」＝「内容（理論）」と「機能」

図２では、認識対象としての会計事象を観察する視点が、一対の概念で相対応する形で描かれています。

図2「簿記」と「狭義の会計」概念

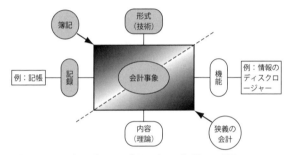

資料出所：武田（1998）8頁の「図1-2」を一部追加して引用。

「記録」とは、技術によって帳簿上記帳されるものがどのような特性として保有されなければならないかという観点での側面です。例えば、記帳を適時に行うことも記録の特性です。「機能」という側面で問題となるものは、「情報の有用性」や「情報のディスクロージャー機能」などといわれているものの側面です[2]。

「形式」とは、技術のことです。これに対して「内容」は理論であり、資産・負債の評価をどのようにすべきか、いつ売上を計上（認識）するべきかなどの理論です。

以上のように、「簿記」と「狭義の会計」とは表裏の関係にあります。

※1 武田（1998）7頁を参照。
※2 武田（1998）9頁。

Q2 本当に「会計で会社を強くする」ことができるのでしょうか。それよりも、ベンチャー企業の育成、M&A、イノベーション、従業員教育などのほうが重要だと思うのですが…。

A2 「会計で会社を強くする、というだけでは会社は強くなれないよ」という反論を受けることがあります。意外でしょうが、同業の税理士・公認会計士諸氏からはこうした反論を受けることはありません。

日本の法人数は約285万社(国税庁「令和3年度分会社標本調査結果について」、2023年)。これらのほとんどに職業会計人(税理士・公認会計士)が関与しています。税理士・公認会計士は、その仕事柄、企業の現場をつぶさに見ているため、「会計で会社を強くする」、「だらしない帳簿は破産者の特徴である」という真理が肌感覚で理解できるのでしょう。

■ **実証データから考える**

次の数値を見てください。

図1 わが国の法人の経営状況

	2013	2014	2015	2016	2017	2018	2019	2020	2021	2022
国税庁公表（％）	29.1	30.6	32.1	33.2	34.2	34.7	35.3	35.0	35.7	36.2
① TKC 全国会：決算書データ（％）	47.2	50.0	50.7	52.0	52.9	53.4	54.1	51.8	53.7	53.5
② ①のうち、KFS 実践企業（％）	54.0	56.3	57.3	58.1	59.0	58.4	59.0	55.7	57.5	57.4

国税庁　　　：黒字申告割合＝法人税の納税義務の有無
TKC 全国会：B/S 上純資産がマイナスでなく、かつ、PL 上税引前利益がプラス。

上欄は国税庁が公表している資料です。わが国における法人の黒字割合を示しています。中欄①はTKCが公表している『経営指標』に基づいています。例えば、2022年の数字は、中小企業約25万3,600社の財務状況を調査・集計したもので、TKC会計人の「巡回監査」と「月次決算」により作成された会計帳簿と決算書からそのまま誘導された真実性の高いデータです。下欄②は、①のうち、TKCの経営計画システムによって利益計画を策定し(K)、TKCの会計ソフトを用いて社内で会計処理をし(F)、関与税理士が税理士法の書面添付を行

っている（S）、法人の黒字割合です。

このように、「会計で会社を強くする」ことを実践している企業群の黒字割合は驚きの数値を示しています。

■ 日本全体の視野で考える

ここで「簿記・会計だけでは、会社は強くなれないよ」という諸兄にお聞きしたいと思います。日本の約285万といわれる法人企業のうち、「翌月内に正確な月次決算によって自社の業績を正確に把握している」企業がどの程度あるでしょうか？

周知のように、「月次決算」とは、材料や商品の棚卸し、減価償却費や賞与引当金の計上などが行われているものをいいます。単なる月次残高試算表は「月次決算」とはいいません。実務家としての筆者の直感では、このレベルでの月次決算を翌月末内に行っている企業は多くて2割ではないでしょうか（図2参照）。

図2 月次決算実践企業の割合

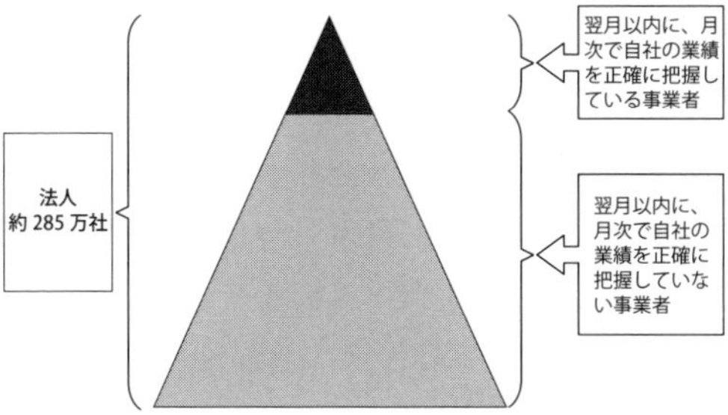

- 翌月以内に、月次で自社の業績を正確に把握している事業者
- 法人 約285万社
- 翌月以内に、月次で自社の業績を正確に把握していない事業者

このような現状を無視して、「中小企業活性化には、ベンチャー企業の育成、M&A、イノベーションなどが大切」などと格好いいことを言っても虚しいだけです。もちろん、イノベーションや従業員教育等は必要です。ただその前提として「正確な月次決算によって自社の業績を翌月内に把握する」ことが必要なのです。

「会計で会社を強くする」という理解がわが国の大多数の経営者に徹底され、各企業経営者が「適時の記帳」による「経営状況の適時の把握」を実践したとき、わが国の多くの企業が黒字化されるのです。

Q₃ 「適時の記帳」はなぜ必要なのですか？

A₃ 「適時の記帳」がなにより大切であることについて、各論者の説明を改めて確認してみましょう。

　まず、世界ではじめて複式簿記の解説書を刊行したルカ・パチョーリは、「物事を適切に、その場で整理」することを求めています。記帳の適時性です。そうしなければ「すべての業務は最大の骨折りを要するばかりか混乱の中に陥る」ことになり、「自らの統制」ができなくなるからです。

　詩人ゲーテは、その著書で、ヴェルナーの台詞を借りて、「整理されていればいつでも全体が見渡される」、「すぐれた経営者にとっては、毎日、増大する仕合せの総計を出してみるのにまさる楽しみはないのだ」としていました。さらに近代会計学の祖であるシュマーレンバッハは、「月次損益計算は経営の成行を速く注視し得るものである」として、経営管理のために早期の損益計算結果の経営者への報告を求めました。

　わが国では、江戸時代の井原西鶴が「年中収支の勘定を油断なく注意せよという見せしめなのだ。万事につけて、帳面を大ざっぱにつけ、勘定を細かにしない者が、無事に世渡りするのは1人もいない」と喝破し、明治の啓蒙思想家であり、わが国で最初に複式簿記の解説書を刊行した福澤諭吉は「商売に一大緊要なるは、平日の帳合を精密にして、棚卸の期を誤らざるの一事なり」として、経営管理のために早期の損益計算結果の経営者への報告を求めました。

　以上のように、賢者は一様に「適時の記帳」による「経営状況の適時の把握」が、健全な企業経営には不可欠であることを指摘しています。

■ ドイツ商法・破産刑法

　1673年フランス・ルイ14世商事王令に端を発する、大陸法系商法商業帳簿規定の本質的な目的は、帳簿の証拠力の確立とともに、商人へ

の自己報告を通じた健全な事業経営の遂行にあります。ドイツでは帝国裁判所の1933年12月1日判決が、「商人の簿記というものは、商人あるいは専門的知識を有する第三者が、財産状態の全容を、必要に応じて、いつでも把握できるような性質のものでなければならない」と判示しました。その流れを引き継いで現行商法238条の1項第2文は「簿記は、その取引が専門的知識を有する第三者に対して、相当なる時間内に、取引及び企業の状況に関する全容を伝達し得るような性質のものでなければならない」としています。さらに同法239条では「記帳の適時性」を要求しています。

　以上のように、現行のドイツ法は、「適時の記帳」による「経営状況の適時の把握」を明文をもって規定するに至っています。

■ **わが国の商法・会社法**

　わが国の商法典は、長らく「整然かつ明瞭」という曖昧模糊とした記帳条件しか成文化されていませんでしたが、2005（平成17）年の商法改正、会社法創設によって、商法19条が「適時かつ正確な商業帳簿（会計帳簿と貸借対照表）の作成」を、会社法432条1項が「適時かつ正確な会計帳簿の作成」を要求するに至りました。

　中小企業にあっては、①内部統制機構が完全に機能し、②経理担当者が会計の専門的知識を保持し、③経営者が適正な会計を行うという確固とした意思を持って実行している、という3条件のすべてを満たしているところはほとんどありません。それゆえに、会計帳簿や決算書の信頼性を確保し、かつ、経営者が自社の経営状況を適時に把握するために、会計の入り口である「記帳」をしっかり行う必要があります。わが国の商法や会社法が記帳の「適時性」と「正確性」を求める主な理由です。

　具体的には「適時の記帳」と言われても、ピンとこないかもしれません。それも無理からぬことです。わが国の商法・会社法に盛り込まれた「適時性」は、ドイツ商法239条の記帳のzeitgerichtという用語を直輸入したものだからです。ドイツでは、租税判例や行政規則によって「記帳の適時性（zeitgericht）」の内容が明確化されています。具体

的には、現金取引はその日のうちにその「現金残高」を、売掛買掛等の信用取引は取引発生日の翌月末までにその残高を掌握することです。

　以上のことから、わが国の商法が求める「適時かつ正確な商業帳簿（会計帳簿と貸借対照表）の作成」を満足させるためには、「発生主義による月次決算を行う」ことが必要であるとの理解に至ります。

　ここで思い出されるのは近代会計学の祖であるシュマーレンバッハがその著『動的貸借対照表論』において主張した、「月次損益計算は経営の成行を速く注視し得るものである」という見解です（シュマーレンバッハは本書13を参照）。

中小企業が従うべき会計のルールを教えてください。

 わが国の企業が従うべき会計基準には、①大企業会計基準、②中小企業の会計に関する指針（中小指針）、③中小企業の会計に関する基本要領（中小会計要領）があります。また、上場会社は一定の条件の下で、その連結財務諸表に④国際会計基準を適用することも可能ですので、わが国には4つの会計基準が存在していることになります。

　会社の区分とそれぞれの会社が従うべき会計基準を一覧にすれば次のようになります。

区　分	会社数	連　結	単　体
上場会社	約 3,550 社	日本基準（J-GAAP） 国際会計基準（IFRS）	日本基準 （J-GAAP）
金商法開示企業（①） （上場会社以外）	約 600 社	米国基準（US-GAAP） 日本版 IFRS（J-IFRS）	
会社法大会社（②） （上場会社及び①以外） （資本金 5 億円、又は負債総額 200 億円以上）	約 10,000 社 から上場会社、①に含まれるものの数を除く	作成義務 なし	中小指針
上記以外の株式会社 （上場会社、①及び②以外）	約 252 万社 から上場会社、①、②に含まれるものの数を除く		中小会計要領

参考：河﨑照行「最新・中小企業会計論（4）」『TKC 会報　2014 年 6 月号』11 頁「図表 3」

■中小指針と中小会計要領

　この表からも明らかなように、中小企業向けの会計基準として、「中小指針」と「中小会計要領」の2つが存在しています。

　「中小指針」は、わが国の大企業向けの企業会計基準をベースにして、それを中小企業向けに簡素化したものです（トップダウン・アプローチ）。それゆえに、「中小指針」は、国際会計基準が採用する時価主義を基本としており、国際会計基準に沿って大企業向けの企業会計基準が改定される度に毎年改訂されています。そうした意味で、「中小指針」は中小企業にとって安定的な会計基準とは言い

がたいものとなっています。ただし、中小指針は、会社法の会計参与設置会社や将来上場を目指す中小企業にフィットする会計基準として重要な会計基準であることは確かです。

中小会計要領は、「多くの中小企業にとって中小指針は受け入れ難い」という声を受けて2012（平成24）年に公表されました。中小会計要領は、ボリュームゾーンの中小企業を対象とし、中小企業の実態を踏まえて策定されています（ボトムアップ・アプローチ）。それゆえ、「中小会計要領」は、国際会計基準が採用する時価主義ではなく取得原価主義を採用するとともに、国際会計基準の影響を受けないものとなっています。

「中小指針」と「中小会計要領」を対比すれば以下のようになります。

「中小指針」との違い

	中小会計要領（平成24年公表）	中小指針（平成17年度策定）
検討アプローチ	中小企業の実態を踏まえたボトムアップ・アプローチ	企業会計基準をベースにそれを簡素化（トップダウン・アプローチ）
想定対象	ボリュームゾーンの中小企業	主に会計参与設置会社
国際会計基準との関係	国際会計基準の影響を受けない	国際会計基準に沿って企業会計基準が改訂される度に毎年改訂
基本的な資産評価方法	原則、取得原価主義	大幅な時価主義の導入(注1)
各論の項目数等	基本的な14項目	18項目 税金費用・債務・税効果会計、組織再編会計等を含む

参考文献：中小企業庁参事官 銀治克彦氏講演資料「中小企業の発展と金融・会計」（平成23年10月27日）
（注1）主観的・将来指向的な技法を含んでいる。

■中小会計要領の特徴

中小会計要領は主に次の4つの観点から策定されています。
○中小企業の経営者が活用しようと思えるよう、理解しやすく、自社の経営状況の把握に役立つ会計（傍点は坂本）
○中小企業の利害関係者（金融機関、取引先、株主等）への情報提供に資する会計
○中小企業の実務における会計慣行を十分考慮し、会計と税制の調和を図った上で、会社計算規則に準拠した会計
○計算書類等の作成負担は最小限に留め、中小企業に過重な負担を課さない会計

　ここで注目すべき点は、第1に「自社の経営状況の把握に役立つ会計」を掲げていることです。

　一般に、財務会計は「外部報告会計」とされ、それゆえにわが国の企業会計基準をはじめ世界の会計基準はおしなべて「投資家等」への会計情報の提供に焦点が当てられています。しかし、本書でも明らかにしたように、ルカ・パチョーリ、ゲーテ、福澤諭吉等、古今東西の先人によれば、複式簿記の目的は「自己報告による健全経営の遂行」にあり、さらに、商法商業帳簿規定の本質的な目的も「自己報告による健全経営の遂行」にあります。

　そうした意味で、中小会計要領は「簿記・会計」の基本に立ち戻った、世界に誇りうる会計ルールであると言えるでしょう。

Q5 一般に、会計には財務会計と管理会計の区分があると言われています。その内容を教えてください。

A5 わが国をはじめ、世界の会計学の主流であるアメリカ・イギリス等アングロサクソン系の会計学でも、会計を財務会計（Financial Accounting）と管理会計（Management Accounting）に区分し、財務会計は株主・投資家等に向けた「外部報告会計」であり、管理会計は経営者等向けの「内部報告会計」であるとされています。財務会計は「財産の管理の受託者（経営者）が、その財産の委託者（株主等）に対して説明すること」とも表現されたりします。これを表にすれば以下のようになります。

「財務会計」と「管理会計」の伝統的な区分

	区　分	目　的	報告先
会　　　計	財務会計	外部報告会計	株主・投資家等
	管理会計	内部報告会計	経営者等

　ここで大きな疑問が生じます。決算書の作成は個人事業者をはじめ中小企業すべてに課せられています。しかしそれらのほとんどの企業にとって「株主・投資家」は関係ありません（個人事業者にとって株主は無縁ですし、大多数の中小企業も株主イコール経営者です）。さらに金融機関から借入をしていない企業も数多く存在しています。

　とすれば、こうした個人事業者や中小企業が行っている決算書作成は「財務会計」ではない、ということになってしまいます（外部への報告という目的がないケースもあるからです）。

　財務会計が外部報告会計として位置づけられている原因は、「会計学」・「会計制度」が、株式公開大企業を念頭に置いて構築されていることにあります。企業の99％以上を占める中小・小規模企業が無視されているのです。

　ドイツの会計学者レフソンの「誰にも報告することを義務づけられていない個人の商人に、いかなる理由に基づいて立法者は商事王令から現行商法典239条に至るまで、年度決算書の作成を規則として定めているのであろうか？」という問いかけは、ポイントを突いています。サヴァリーやドイツの各種商法草案でも確認したように、決算書の本質的な目的は「経営者への自己報告」にあります。すなわち、財務会計には、外部報告のみならず、経営者への内部報告（自己報告）という目的があるのです。そして、中小企業にとっての最大の外部の利害関係者は金融機関です。他方、管理会計の領域も拡大しており、環境会計などは外部報告の位置づけにあります。これを表にすれば以下のようになるでしょう。

「財務会計」と「管理会計」の新しい区分

	区　分		目　的	報告先
会　計	財務会計	→	外部報告	金融機関・株主・投資家等
	管理会計	→	内部報告	経営者等

　筆者は、現在の「財務会計」と「管理会計」の区分は間違っていると考えています。世界の常識である現在の区分は訂正される必要があるのではないでしょうか。

引用文献

Bühler, Ottmar / Scherpf, Peter; *Bilanz und Steuer*, 7 Aufl., München, F. Vahlen, 1971.

Defoe, Daniel; *The Complete English Tradesman*, 1726.

Defoe, Daniel; *The Life and Strange Surprising Adventures of Robinson Crusoe*, 1719.

Drucker, Peter Ferdinand; *The Practice of Management*, 1954.

Drucker, Peter Ferdinand; *Management Tasks Responsibilities Practice* (1985), 1993.

Drucker, Peter Ferdinand; *The Daily Drucker* (with Josepf A. Maciariello), 2004.

Entwurf (Reichsministerium der Justiz); *Entwurf eines allgemeinen Handelsgesetzbuches für Deutschland*, 1849.

Entwurf (Württemberg II); *Entwurf eines Handelsgesetzbuches für das Königreich Württemberg mit Motiven (1839/40) II. Theil: Motive*, 1839.

Goethe, Johann Wolfgang; *Wilhelm Meisters Lehrjahre*, 1796; Insel Verlag Frankfurt am Main, 2009.

Janssen, Jan; *Rechnungslegung im Mittelstand*, Wiesbaden, Gabler, 2009.

Kruse, Heinrich Wilhelm; *Grundsätze ordnungsmäßiger Buchführung : Rechtsnatur und Bestimmung*, 3 Aufl., Köln, Verlag Otto Schmidt, 1978.

Leffson, Ulrich; *Die Grundsätze ordnungsmässiger Buchführung*, 7 Aufl., Düsseldorf, IDW-Verlag, 1987.

SEC; "What Have We Done, and How?," *Address of the President: Montgomery, Robert H.*, 1937.
(https://www.sechistorical.org/collection/papers/1930/1937_1001_What MontgomeryT.Pdf. 2024年2月2日参照)

Pacioli, Luca (Penndorf,Balduin,trans.); *Abhandlung über die Buchhaltung 1494*, Stuttgart, Poeschel, 1933.

R.H. Bainton; *ERASMU OF CHRISTENDOM*, 1969.

Roesler, Hermann; *Entwurf eines Handels-Gesetzbuchs für Japan mit Commentar*, 1884.
邦訳としてロエスレル=司法省訳(1884)がある。

Schär, Johann F.; *Buchhaltung und Bilanz: auf wirtschaftlicher, rechtlicher und mathematischer Grundlage für Juristen, Ingenieure, Kaufleute und Studierende der Privatwirtschaftslehre mit Anhängen über "Bilanzverschleierung" und "Teuerung Geldentwertung und Bilanz"*, 5 Auf., Berlin, J. Springer, 1922.

Schmalenbach, E.; *Dynamische Bilanz*, 4 Aufl., Leipzig, Gloeckner, 1926.

Schumpeter, Joseph A.; *Kapitalismus, Sozialismus und Demokratie*, 2 Aufl., Bern, A. Francke, 1950.

Schumpeter, Joseph A.; *Theorie der wirtschaftlichen Entwicklung*, Berlin, Duncker & Humblot, 1911.

Schumpeter, Joseph A.; *Theorie der wirtschaftlichen Entwicklung*, 4 Aufl., Berlin, Duncker & Humblot, 1934.

Sombart, Werner; *Der moderne Kapitalismus : historisch-systematische Darstellung des gesamteuropäischen Wirtschaftslebens von seinen Anfängen bis zur Gegenwart, Bd., 2*, 1917.

Tiedemann, Klaus; *Konkurs-Strafrecht*, Berlin, De Gruyter, 1985.

Weber, Max; *Die protestantische Ethik und der Geist des Kapitalismus*（1904-1905）, 2009.

Weber, Max; *General Economic History*（1927）, 2003.

Weber, Max; *Wirtschaftsgeschichte*（1923）, 2012.

Woolf, Arthur H.; *A Short History of Accountants and Accountancy*, 1912.

麻生磯次／冨士昭雄『西鶴織留　決定版 対訳西鶴全集十四』明治書院、2003年

有賀裕子訳『マネジメント　務め、責任、実践 Ⅲ』日経BP社、2008年

アレックス・カー『犬と鬼――知られざる日本の肖像』講談社、2002年

飯塚毅『会計人の原点』TKC広報部、1981年

飯塚毅『逆運に遡る』TKC広報部、1985年

飯塚真玄「TKCシステムの開発思想」『TKC基本講座　第4版』TKC全国会中央研修所、2014年

飯塚真玄「第49回TKC全国役員大会　特別講演」『TKC会報2022年9月号』TKC全国会、2022年9月、14頁-25頁

池田浩太郎「マックス・ウェーバーとヴェルナー・ゾンバルト――ゾンバルトとその周辺の人々」『成城大学経済研究』成城大学経済学会(151-152)、2001年3月、7頁-33頁

伊東光晴編『現代経済学事典』岩波書店、2004年

稲盛和夫『稲盛和夫の実学　経営と会計』日経ビジネス文庫、2000年

上田惇生訳、ジョセフ・A・マチャレロ編『ドラッカー365の金言』ダイヤモンド社、2005年

上田惇生訳『現代の経営(上)』ダイヤモンド社、2006年

上田惇生訳『マネジメント(中)――課題、責任、実践』ダイヤモンド社、2008年

上野道輔「我国経済再建における会計学の意義」『会計』復刊第1号、1949年2月

大塚久男訳『プロテスタンティズムの倫理と資本主義の精神』岩波文庫、1989年

大橋容一郎／荻野弘之他『新しく学ぶ西洋哲学史』ミネルヴァ書房、2022年

海保眞夫訳、『ロビンソン・クルーソー』岩波少年文庫、2004年

片岡義雄／片岡泰彦訳『ウルフ会計史』法政大学出版局、1977年

片岡泰彦『会計学辞典　第6版』神戸大学会計学研究室編、2007年

上林憲雄／清水泰洋／平野恭平編著『経営学の開拓者たち　神戸大学経営学部の奇跡と挑戦』中央経済社、2021年

金森誠也訳『恋愛と贅沢と資本主義』講談社、2000年

岸悦三『会計生成史　第7版』同文舘、1988年

岸悦三『会計前史』同文舘、1990年

岸悦三『会計学辞典　第6版』神戸大学会計学研究室編、2007年

木村元一『ゾンバルト　近代資本主義』春秋社、1950年

黒澤清「資料：日本の会計制度〈5〉」『企業会計』、Vol.31, No.5、1979年

黒澤清『職業会計人の実践哲学：福沢諭吉の「学問のすすめ」と「帳合之法」の研究』TKC広報部、1986年

黒正巌・青山秀夫訳『一般社会経済史要論　下巻』岩波書店、1971年

経済安定本部企業会計制度対策調査会「企業会計原則」『會計』、第56巻第5号、1949年

坂本孝司『会計制度の解明——ドイツとの比較による日本のグランドデザイン』中央経済社、2011年

坂本孝司『ドイツにおける中小企業金融と税理士の役割』中央経済社、2012年

坂本孝司『「中小会計要領」対応版　会計で会社を強くする　第2版』TKC出版、2013年

佐藤孝一「商法『商業帳簿』規定の進化と画期的改正」『企業会計』Vol.22 No.12、1970年

塩野谷祐一／中山伊知郎／東畑精一訳『シュムペーター　経済発展の理論（上）』岩波文庫、1977年

武田隆二『簿記Ⅰ』税務経理協会、1998年

武田隆二『中小会社の会計——中小企業庁「中小企業の会計に関する研究会報告書」の解説』、2003年

武田隆二『簿記Ⅰ　第2版』税務経理協会、2008年

武田隆二『最新 財務諸表論 第11版』中央経済社、2008年

田中耕太郎『貸借対照表法の論理』有斐閣、1944年

谷森理史・吉行淳之介『新潮古典文学アルバム17 井原西鶴』新潮社、1991年

都留重人編『経済学小辞典　第3版』岩波書店、1994年

土岐正蔵訳『シュマーレンバッハ　動的貸借対照表論　第7版』森山書店、1950年

友岡賛『会計の時代だ——会計と会計史との歴史』ちくま新書、2006年

中山伊知郎・東畑精一訳『シュムペーター資本主義・社会主義・民主主義』東洋経済新報社、1995年

中山元訳『プロテスタンティズムの倫理と資本主義の精神』日経BP社、2010年

服部知文訳『教育に関する考察』岩波文庫、1967年

林良吉訳『会計と貸借対照表』同文舘、1925年

土方久『会計学辞典　第6版』神戸大学会計学研究室編、2007年

久野光朗『会計歳時記』同文舘、1993年

福澤諭吉『帳合之法』慶應義塾出版局、1873年

福澤諭吉『学問のすすめ』「第14編」慶應義塾出版局、1875年

福澤諭吉『福翁自伝　福澤全集緒言』慶應義塾大学出版会、2009年

松尾憲橘訳『H. R. ハットフィールド　近代会計学』雄松堂書店、1971年

松本剛『ドイツ商法会計用語辞典』森山書店、1990年

岬龍一郎訳『学問のすすめ　自分の道を自分で切りひらくために』PHP研究所、2008年

村田穆校注『新潮日本古典集成 日本永代蔵』新潮社、1977年

諸井勝之助「企業会計制度対策調査会と会計基準法構想」『LEC会計大学院紀要』第1巻（1-17頁）、2006年（https://www.jstage.jst.go.jp/article/lecgsa/1/0/1_

　KJ00004938193/_article/-char/ja 2024年1月31日）

諸井勝之助『会計学辞典　第6版』神戸大学会計学研究室編、同文舘、2007年

八木紀一郎／荒木詳二訳『経済発展の理論』日経BP日本経済新聞出版本部、2020年

安平昭二『会計学辞典　第6版』神戸大学会計学研究室編、同文舘、2007年

山崎章甫『ヴィルヘルム・マイスターの修業時代（上）』岩波文庫、2000年

ロエスレル＝司法省訳『ロエスレル氏起稿商法草案』1884年

■著者略歴

坂本孝司（さかもと　たかし）

税理士、米国公認会計士、博士（経営情報科学）。
1956年浜松市生まれ。神戸大学経営学部卒。東京大学大学院法学政治学研究科博士課程単位取得退学。中小企業庁「中小企業の会計に関する研究会」（2002年）専門委員、同「中小企業の会計に関する検討会WG」（2010年）委員、経済産業省「中小企業政策審議会」（2011年）委員、愛知工業大学経営学部・大学院教授（2012年－2021年）を歴任。現在、TKC全国会会長、TKC全国政経研究会会長、中小企業会計学会副会長、静岡産業大学客員教授。

[主な著書・論文]
『会計制度の解明──ドイツとの比較による日本のグランドデザイン』（中央経済社、2011年、日本会計研究学会太田・黒澤賞受賞）
『ドイツにおける中小企業金融と税理士の役割』（中央経済社、2012年）
『会計で会社を強くする（中小会計要領対応版）』（TKC出版、2013年）
General Accounting Standard for Small-and Medium-Sized Entities in Japan, WILEY, 2014.　共著
『ドイツ税理士による決算書の作成証明業務』（TKC出版、2016年）編著
『中小企業の財務管理入門（第2版）』（中央経済社、2018年）
『税理士の未来──新たなプロフェッショナルの条件』（中央経済社、2019年）
『租税法における記帳規定と簿記の証拠力──ドイツ1919年ライヒ国税通則法及び1977年国税通則法を中心として』（『TKC税研情報』第7巻第5号−第6号、1998年、第8回租税資料館賞受賞）
『職業会計人の独立性──アメリカにおける独立性概念の生成と展開』（TKC出版、2022年）

会計で会社を強くする　簿記・会計先覚者の金言集・解説〈第3版〉

2013年7月18日　第1版第1刷	定価1,650円（本体1,500円＋税10％）	
2014年8月6日　第2版第1刷		
2024年7月29日　第3版第1刷		

著　者	坂　本　孝　司
発行所	株式会社TKC出版
	〒162-0825　新宿区神楽坂2-17 中央ビル2階　TEL03（3268）0561
装　丁	株式会社ぺぺ工房

ISBN 978-4-905467-69-4　C2034